SEVERUS IBN AL-MUQAFFA'

AFFLICTION'S PHYSIC AND THE CURE OF SORROW

CORPUS
SCRIPTORUM CHRISTIANORUM ORIENTALIUM
EDITUM CONSILIO
UNIVERSITATIS CATHOLICAE AMERICAE
ET UNIVERSITATIS CATHOLICAE LOVANIENSIS

Vol. 396

SCRIPTORES ARABICI
TOMUS 34

SEVERUS IBN AL-MUQAFFAʿ

AFFLICTION'S PHYSIC AND THE CURE OF SORROW

EDITED

BY

R.Y. EBIED and M.J.L. YOUNG

LOUVAIN
SECRÉTARIAT DU CORPUSSCO
WAVERSEBAAN, 49
1978

ISBN 2 8017 0092 4

D/1978/0602/14

Imprimerie Orientaliste, s.p.r.l., Louvain (Belgique)

PREFACE

The present work contains the text, with an English translation, of *Ṭibb al-Ghamm wa-Shifā' al-Ḥuzn* (Affliction's Physic and the Cure of Sorrow) by Severus ibn al-Muqaffaʿ, Bishop of al-Ashmūnain. Severus lived in the tenth century, and is known to have written at least twenty books in Arabic, mainly on theological topics; most of these are still unpublished. The present work is of particular interest in that it belongs to the genre of the *consolatio*, a literary form stemming originally from Greek literature which eventually found its way into the literatures of both Latin and Arabic.

We began work on the present edition and translation in the Spring of 1975, but it has been unduly drawn out by difficulties in obtaining copies of some of the necessary manuscriptal material.

We should like to express our appreciation to Professor Dr. J. Assfalg, Munich, and to Professor R. Draguet, Louvain, for the encouragement which they have accorded us in our editing of this important document in the literary history of Christian Egypt.

Department of Semitic Studies, University of Leeds

R. Y. EBIED
M. J. L. YOUNG

INTRODUCTION

I. The Author

Severus Ibn al-Muqaffaʿ was born into a Coptic family at the beginning of the tenth Christian century, probably in Upper Egypt, between 905 and 910, and died some time after 987. His full name was originally Abū' l-Bishr ibn al-Muqaffaʿ; but after becoming a monk he took the name Severus (Sāwīrūs) and was henceforth known as Anbā Severus ibn al-Muqaffaʿ. Eventually Ibn al-Muqaffaʿ was consecrated Bishop of al-Ashmūnain (in the Upper Egyptian mudīriyyah of Malawī), and he had a long and distinguished episcopate.

Very little is known of the personal details of his life, but we may come near to the mind of the man through his considerable body of writings in Arabic[1]. These show him as a convinced Christian, a zealous churchman, and a serious, solicitous pastor of his flock. They also show him as a man of considerable learning who had a wide knowledge of Hellenistic philosophy as well as of the church fathers and ecclesiastical history.

At a time when Christians in Egypt were rapidly forgetting the Coptic language, Bishop Severus made it his task to provide practical theological writings in Arabic for Egyptian Christians, who were everywhere adopting the speech of the Arab conquerors. His work *The Lamp of the Intellect* is a short survey of the necessary beliefs for a Christian; the present work on *Affliction's Physic and the Cure of Sorrow* is of a more specialized character in that its subject is the correct remedy for melancholy, *Weltschmerz* and grief, and it is clear

[1] For the literary works of Ibn al-Muqaffaʿ, see R. Y. Ebied and M. J. L. Young, *The Lamp of the Intellect of Severus ibn al-Muqaffaʿ*, *Bishop of al-Ashmūnain* [*C.S.C.O.*, vol. 365 — Script. Arab. Tom. 32], Louvain (1975), pp. vi-vii; Abū 'l-Barakāt ibn Kabar, *Miṣbāḥ al-Ẓulmah fī Īḍāḥ al-Khidmah*, Pt. I, ed. Cairo, 1970, pp. 306-307; G. Graf, *Geschichte der Christlichen Arabischen Literatur*, vol. II [Studi e Testi, 133 (Vatican, 1947)], pp. 300ff.; *idem*, "Zwei dogmatische Florilegien der Kopten" in *Orientalia Christiana Periodica*, vol. III (1937), pp. 56ff.; J. Assfalg, *Lexikon für Theologie und Kirche*, vol. IX (1964), p. 703; P. Maiberger, *Das Buch der Kostbaren Perle von Severus Ibn al-Muqaffaʿ* [Veröffentlichungen der Orientalischen Kommission, Bd. XXVIII (Wiesbaden, 1972)], pp. 1ff; Murqus Jirjis, *Al-Durr al-Thamīn fī Īḍāḥ al-Dīn* (Cairo, 1925, reprinted 1971), pp. 8ff; *The Encyclopaedia of Islam* (2nd edition), vol. III (1968), s.v. Ibn al-Muḳaffaʿ, Severus.

that Ibn al-Muqaffa' based his book on earlier writings on the same theme; his most likely direct source is a tractate of the Muslim philosopher al-Kindī, which itself seems to have been a translation of a Greek original (see Vol. II [versio], pp. V-VI). Ibn al-Muqaffa' however subjects his material to a thorough process of adaptation to Christian thought and belief.

Graf only accords this work a brief mention in his *Geschichte der Christlichen Arabischen Literatur*, and records only one of the MSS [2]. It has, however, been the subject of a recent article by K. Samir [3], in which he examines what is known about the history of its text.

II. The Manuscripts

The text of *Ṭibb al-Ghamm wa Shifā' al-Ḥuzn* has survived, in whole or in part, in at least six MSS, three of which are preserved in libraries in Lebanon. They are as follows:

1. Bodleian Arabic MS Huntington 328 (= A) [4].

This consists of 167 folios. It has 13 lines to a page, the text sometimes being enclosed within a border measuring approximately 16.5 cm × 11.5 cm. It is written in an Egyptian Arabic hand very similar to the script of the MS of Ibn al-Muqaffa''s *Miṣbāḥ al-'Aql* (B.N., Paris, MS No. 212). This MS contains three different works:

(a) An anonymous work on the Canons of the Apostles, entitled: *Kitāb Qawānīn Sādātinā al-Ābā' al-Ḥawāriyyīn* (fols. 5r-92r). This is in 43 chapters, and deals with the Church, Baptism, Episcopacy, the Priesthood, Prayer, Alms, Fasting, Death, etc. It is prefaced by an index of its chapters (fols. 2v-4r).

(b) *Ṭibb al-Ghamm wa-Shifā' al-Ḥuzn* (fols. 92v-118r) by Severus ibn al-Muqaffa'. This has a short introductory note by the copyist [5] which clearly states the title and author of the work. This title is identical with that given by Michael of Tinnīs [6], while that given by

[2] Graf, *G.C.A.L.* II, p. 316, No. 13.

[3] K. Samir, "Ce que l'on sait de la 'Medicina Moeroris et Curatio Doloris' de Sawīrus ibn al-Muqaffa' (Xe siècle)" in *Le Muséon*, vol. LXXXIX (1976), pp. 339-352.

[4] For a brief description of this MS and its contents, see J. Uri, *Bibliothecae Bodleianae Codicum Manuscriptorum Orientalium*, Pars prima (Oxford, 1787), No. LXXXII, p. 43. We are grateful to the Curators of the Bodleian Library for permission to make use of this MS for the present edition.

[5] See below, p. 1.

[6] Samir, "Ce que l'on sait ...", p. 340.

Abū 'l-Barakāt ibn Kabar in his list[7] of works by Ibn al-Muqaffaʿ has a slightly different form, as do the other MSS[8]. There is no indication of the date of completion of this item in the MS, but the age of the MS (which is written in the same hand throughout), is clear from the colophon of item (a) above, this occurring on fols. 91v-92r. It informs us that it was completed on the 1st Bashans, A.M. 1332 (= A.D. 1615). It reads as follows:

كان الفراغ منه يوم الخميس المبارك أول يوم من بشنس سنة ألف وثلثمائة اثنين وثلاثين للشهداء الموافق خامس عشر ربيع الأول سنة ألف اربعة وعشرين للهجرة. نفع الله القارىء والسامع والمالك بما يتلى فيه. آمين. والمجد لواهب العقل، وعلينا رحمته وبركته الى دهر الداهرين. آمين آمين آمين.

(c) Extensive extracts from an anonymous work on the Christian Patriarchate, Episcopate and Priesthood (fols. 118v-166r). Fols. 153r-159v contain a version of the Arabic Sibylline prophecy of Coptic provenance, excerpts from which have been published by the present writers (together with notes and an English translation)[9].

Although the name of the copyist is not given in the MS, the date is very near to that of the MS of *Miṣbāḥ al-ʿAql* (A.D. 1601) and as has been noted above, the hand is also similar to that of B.N. No. 212. This suggests that Huntington 328 was also copied by the deacon Ibrāhīm ibn Shaykh al-Tāj ibn Yūsuf al-Badhramānī, who copied the text of *Miṣbāḥ al-ʿAql*.

2. Princeton Arabic MS 1140 H (= B)[10].

This contains 156 folios measuring 20 × 14.6 cm. It has 17 lines to a page, and is written in *naskhī* script. The MS is a collection of eight different works. These are as follows:

[7] See Abū 'l-Barakāt ibn Kabar, *op. cit.*, p. 306.

[8] For a discussion of the variant titles, see Samir, "Ce que l'on sait ...", pp. 346-347.

[9] R.Y. Ebied and M.J.L. Young, "A Newly-discovered version of the Arabic Sibylline Prophecy", in *Oriens Christianus*, vol. 60 (1976), pp. 83-94.

[10] For a description of this MS and its contents, see P.K. Hitti, N.A. Faris and B. ʿAbd al-Malik, *Descriptive Catalog of the Garrett Collection of Arabic Manuscripts in the Princeton University Library* (Princeton, 1938), No. 1993, pp. 591-592.

(a) *Al-Burhān fī Tathbīt al-Īmān*, a translation from the Greek of the original theological work of Sophronius (fols. 1v-74r).

(b) A treatise on celibacy (*Maqālah al-Sābiʿah wa-Tisʿīn fī al-Batūliyyah*) by John of Damascus (fols. 75r-77r).

(c) Another treatise on celibacy (*Risālah fī Faḍīlat al-ʿIffah ʿan al-Jimāʿ*), by Īlīya, Bishop of Nisibis (fols. 77r-101v).

(d) A treatise on certain questions connected with Christian living, in the form of an answer to a question put to the Anbā Būlus by Fakhr al-Dawlah ibn Yalmūs al-Kabūrī (fols. 102r-104v).

(e) *Ṭibb al-Ghamm wa Shifāʾ al-Ḥuzn waʾ l-Hamm* (fols. 105v-120r). The place for the name of the author has been left blank, but apart from a final paragraph (fols. 119v-120r) this work is the same as that part of A to be found on fols. 92v-108v of Huntington 328 (see item 1 (b) above). The *incipit* (fol. 105v) is as follows:

بسم الأب والابن والروح القدس اله واحد. نبتدىء بمعونة الله تعالى بنسخ طبّ الغمّ وشفاء الحزن والهمّ، تأليف الأب القديس الطاهر النفيس ...

The work ends on fols. 119v and 120r:

جعل الله تعالى لنا معهم حظّ ونصيب فى ملكه السماوى بوسائل وطلبات الأبرار والسعداء الفائزين وشفاعة مرتمريم سيدة نساء العالمين، والدة الخلاص، وجميع القديسين. آمين.

The difference in length between the versions of Ibn al-Muqaffaʿ's book in A and B is accounted for by the fact that B omits Chapter Four of the complete work, even though the chapter is referred to in the author's introductory remarks to his work (fol. 106r) as forming part of his treatise (see also fol. 93r of A).

(f) An anonymous sermon on *Mt.* 21.*33* (fols. 123r-129v).

(g) A treatise on the computation of the solar and lunar cycles (*Ḥisāb al-Kuklus al-Shamsī waʾ l-Qamarī*) (fols. 131r-148v).

(h) A poem on the violent events in Aleppo in A.H. 1065 (= A.D. 1655) (fols. 149r-157v), by a Christian named ʿUbaydullāh.

The MS has no colophon giving the date of its copying, but the last item is followed by the note:

نسخت على نسخة مؤلفها من غير زيادة ولا نقصان ولا تغيير ولا تبديل، وبالله المستعان فى تاريخ ما ذكر فى أولها. ولله الحمد على جسيم امتنانه.

The date referred to in this note is A.H. 1065 (see above), and we may therefore take this as the date of completion of the MS.

3. Syrian Orthodox Monastery of St. Mark (Jerusalem) Arabic MS (No. 51/4 in L. Cheikho's list [11]).

This MS contains a work entitled *Ṭibb al-Nafs wa Shifā' al-Ḥuzn*, which is identical with the work edited here, in spite of the differing title.

Apart from Cheikho's listing of this item it has not been recorded or described in any published work, and has remained inaccessible to the present writers in spite of their efforts to obtain a copy. However in 1940 the then Syrian Orthodox Patriarch Ignatius Ephraim Barṣaum published the text of almost all of chapters 1-3 of this MS, i.e. rather more than a third of the complete work (corresponding to fols. 92v-103r of A), in the now very scarce journal *Al-Majallah al-Baṭriyarkiyyah al-Suryāniyyah* [12]. Thanks to the generous help afforded us by the Very Rev. Barṣaum Yūsuf Ayyūb of Aleppo, we were able to obtain a copy of this elusive publication, and have designated this text 'C' for the purpose of the present edition. The Patriarch's reproduction of part of the text of the Jerusalem MS is the only portion of *Ṭibb al-Ghamm* to have been printed.

4. Syrian Catholic Patriarchate (Sharfah) MS Arabic 8/78 [13].

A MS written in Egypt in the seventeenth century, containing four pieces :

(a) *Kitāb Rawḍat al-Farīd wa-Salwat al-Waḥīd* by Simʿān ibn Kalīl ibn Maqārah.

[11] In his study entitled "Al-Makhṭūṭāt al-ʿArabiyyah li-Katabat al-Naṣrāniyyah" in *Al-Mashriq*, vol. 20 (1922), p. 132.

[12] Vol. 8 (Jerusalem, 1940), pp. 201-212. The Patriarch's intention to publish the remainder of the Jerusalem text was frustrated by the demise of the journal in 1940, as a result of difficult conditions in wartime.

[13] Not 8/87, as given in the description of the MS given in Isḥāq Armalah, *Al-Ṭurfah fī Makhṭūṭāt Dayr al-Sharfah* (Jounieh, 1936), p. 415.

(b) *Ṭibb al-Ghamm wa Shifā' al-Ḥuzn wa 'l-Hamm* (this version of the title is identical with that in B, and as in the case of B no author's name is given). The *incipit* is as follows:

بسم الله الواحد الابدى الأزلى السرمدى وبه نستعين. كتاب طبّ الغمّ وشفاء الحزن والهمّ. تأليف بعض العلماء، كتبه لأحد أصدقائه من محبي الفضيلة. نفعنا الله به. آمين.

The introductory passages of this version of the work were published by Isḥāq Armalah in 1925[14] and reproduced by Samir in the study referred to above[15]. A comparison of these passages with the corresponding parts of A, B and C shows that this is the same work.

(c) *Maymar fī l-Khayr wa 'l-Sharr*, a work attributed to the pseudo-Dionysios the Areopagite.

(d) Poems and aphorisms copied into the MS at a much later date (1807).

5. Syrian Catholic Patriarchate (Sharfah) MS Arabic 13/36.

A MS copied in Egypt before 1593. The first folio of the MS is missing. It contains the following pieces:

(a) A work identified as *Ṭibb al Ghamm wa-Shifā' al-Ḥuzn wa 'l-Hamm* by Isḥāq Armalah in his Catalogue[16] of the Sharfah MSS (the author and title are lacking, as the missing first folio of the MS formed the first folio of this piece). According to the colophon of this piece it was copied by the Deacon Barṣaum Yūḥannā al-Manfalūṭī.

(b) *Sharḥ Karmah* by Demetrius I, Patriarch of Alexandria (A.D. 188-230)[17].

(c) *Jadwal li-Āḥād al-Sanah wa-Aʿyādihā wa-Aṣwāmihā.*

6. Dayr al-Shuwayr Arabic MS 129[18].

This MS bears the title *Kitāb Mayāmir wa-Akhbār wa-Risālāt baʿḍ al-Qiddīsīn*, containing a collection of twelve religious works, as follows:

[14] "Al-Suryān fī 'l-Quṭr al-Miṣrī" in *Al-Mashriq*, vol. 23 (1925), pp. 747-748.

[15] "Ce que l'on sait ...", pp. 348-349.

[16] *Al-Ṭurfah fī Makhṭūṭāt Dayr al-Sharfah*, pp. 461-462.

[17] *Not* Demetrius III, as stated by Samir, "Ce que l'on sait ...", p. 345.

[18] For a description of this MS and its contents see Joseph NASRALLAH, *Catalogue des manuscrits du Liban*, vol. III (Beirut, 1963), pp. 235-237.

(a) *Kitāb al-Ṭibb al-Rūḥānī*, attributed to Isaac of Nineveh.

(b) Homily on angelic love, by Isaac of Nineveh.

(c) 24 tracts (*maqāl*) attributed to Simeon the Stylite.

(d) Responsa of Simeon the Stylite.

(e) Tract on Divine Providence by ʿAbdallāh ibn al-Faḍl.

(f) Short piece on the doctrine of the Trinity and the Incarnation, by Paul, Bishop of Sidon.

(g) Christmas homily by St. John Chrysostom.

(h) Homily on the strength of the soul, by Isaac of Nineveh.

(i) Extracts from apothegms of the Fathers.

(j) A collection of anonymous sayings.

(k) *Kitāb Naskh Ṭibb al-Ḥuzn wa Shifāʾ al-Ghamm*, by Severus ibn al-Muqaffaʿ. This is the most aberrant form of the title among the five MSS of Severus' work listed here which bear a title.

(l) An epistle of Bishop Mellitus of Heracleia to the church at Constantinople.

The last item was copied in the 18th century, but according to Nasrallah the rest of the MS is older than this, dating from the 17th or even 16th centuries.

Of the above six MSS we have only been able to obtain copies of 1, 2 and 3; the difficulties of the present political situation in Lebanon have unfortunately frustrated our attempts to gain access to the Sharfah and Dayr al-Shuwayr MSS. We have based the present edition on A, as being the only complete MS available to us, but we have not hesitated to accept readings from B and C when these were clearly superior.

In a post scriptum to his recent study, Samir has drawn attention to the existence of a further two MSS preserved in Dayr Anbā Anṭūniyūs and Dayr al-Suryān in Egypt which may contain the text of *Ṭibb al-Ghamm wa-Shifāʾ al-Ḥuzn*[19], but he furnishes no evidence for this identification.

III. The Language of the Text.

The language of *Ṭibb al-Ghamm wa-Shifāʾ al-Ḥuzn* is typical of the Middle Arabic used by the Copts in mediaeval times. In orthography, morphology and syntax this form of the language differed little from

[19] "Ce que l'on sait ...", p. 352.

the Middle Arabic of Iraq and Syria; in vocabulary, however, there is an element of ecclesiastical terminology in Coptic Middle Arabic which was their own contribution to the language.

The characteristics of this form of Arabic have been examined in detail by K. Samir (S. Kussaim)[20]. We list here the chief features in which the language of this work diverges from Classical Arabic, taking our examples from A, and referring where appropriate to the work of Kussaim, and also to J. Blau's *A Grammer of Christian Arabic*[21].

I. Orthography

1. *Dāl* and *dhāl*; *tā'* and *thā'*; *jīm*, *ḥā'* and *khā'*; *rā'* and *zā'*; *ḍād ṭā'* and *ẓā'* are not always distinguished in the MS.

2. Divergences in employment of *hamzah*:

a) Omission of *hamzah* in medial and final positions [cf. Blau, pp. 92f.].

Examples: والادمان على قراته (fol. 93r); ومشيته النافده (fol. 95r); والاستحالة والفنا والعدم (fol. 102r); ساير ابنا جنسنا (fol. 107v); ايها الاطهار الاحبا (fol. 113r); ويكمل الجزا (fol. 117r).

b) Replacement of *hamzah* by *yā'* [cf. Blau, p. 94; Kussaim, p. 29].

Examples: الراضيين بقضايه (fol. 92v); نتحفك بدواينا (fol. 93r); حيوان ناطق مايت (fol. 97v); الافكار الردية السيية (fol. 100r); ليلا يقول (fol. 110r); ذلك الاسرايلى (fol. 114v).

c) *Maddah* replaced by two *'alifs* [cf. Blau, p. 105].

Example: وحسن الماب (fol. 110r).

3. *Tā' marbūṭah*:

a) *Tā' marbūṭah* is sometimes written without dots [cf. Blau, p. 122].

Examples: الراحة والمتعه (fol. 96v); لا منفعه فيه (fol. 100v); لان اجسامنا سياله مستحيله (fol. 103r); بكل كريهه (fol. 115v).

b) Confusion of *tā' marbūṭah* and *tā' maftūḥah* [cf. Blau, pp. 115f].

Example: لصغرة عندكم محنهم (fol. 115r).

[20] "Contribution à l'étude du moyen arabe des Coptes" in *Le Muséon*, vol. LXXX (1967), pp. 153-209; vol. LXXXI (1968), pp. 5-78. [hereafter = Kussaim].

[21] *A Grammar of Christian Arabic, based mainly on South-Palestinian Texts from the First Millennium* [*C.S.C.O.*, vols. 267, 276, 279 — Subsidia, toms. 27, 28, 29]. Louvain (1966-67). [hereafter = Blau].

4. Confusion of *'alif maqṣūrah* and *'alif mamdūdah* [cf. Blau, p. 121].
Examples: وتتغدا بغدا (fol. 93v); دارا اعلا (fol. 95v); التغيير والبلى (fol. 96v); ان يبقا (fol. 102r); لانه اقتنا (fol. 103r); ولا انقا (fol. 111r).
5. Repetition of consonant instead of *tashdīd* [cf. Blau, p. 122f].
Examples: وصفنا وبيننا (fol. 95r); على ما بيننا (fol. 103r).
6. Lengthening of short vowels.
Examples: اعتدلات الخواطر (fol. 94v); فعله وابداعه (fol. 98v); وراجمته بها (fol. 105r); والاورام الموزمنة (fol. 112r).
7. Shortening of long vowels [cf. Blau, pp. 65f].
Examples: والسلطين والارباب (fol. 94r); تبرك وتعالى (fol. 97v); وتكون الفاسدت (fol. 101v); وارها الطريق (fol. 104v); اوايل امورك واوخرها (fol. 118v).
8. Coalescence of words [cf. Blau, p. 128f].
Examples: كلما for كل ما (fol. 116r); كلمن for كل من (fol. 118v).

II. Morphology

1. Form IV of the verb supplanted by Form II.
Example: ربنا قد ندرنا (fol. 101r).
2. Form V of the verb supplanted by Form II.
Example: وان الذى يصوره من ذلك (fol. 96v).
3. Form V of the verb used instead of:
(i) Form I.
Example: وتمنع نفسه منه (fol. 104v).
(ii) Form II.
Example: ثم تخلصهم الله (fol. 115r).
4. Sound plural in *-iyyīn* [cf. Kussaim, p. 31; Blau p. 199f].
Examples: الشاكرين الراضيين (fol. 92v); باخبار الماضيين (fol. 93r).
5. Use of oblique for nominative in the sound plural [cf. Blau, p. 218].
Examples: اكله الارضيين (fol. 93v); ولما معلمى البيعة (fol. 98r).
6. Anomalous form of the dual.
Example: سلمنا من الحاليين (fol. 102v).

III. Syntax

1. Confusion of moods:
a) Indicative used for jussive (after *lam*) [cf. Blau, p. 263].
Examples: ولم يميل (fol. 108r); اذ لم يطيب (fol. 108v).

b) Jussive used for indicative.

Example: كان لا يمكنا (fol. 109v).

2. Violation of rules of grammatical accord:

a) Lack of concord between relative pronoun and antecedent [cf. Blau, p. 573].

Examples: البها والمجد الذين (fol. 96v); ذلك الحال التى كان يحفظها (fol. 99r).

b) Violation of concord between a demonstrative pronoun and a following noun.

Examples: فى تلك البابين (fol. 101v); وبهدا الاشيا كلها (fol. 116v).

c) Lack of concord in number between nouns and pronominal suffixes referring to them.

Example: لكل قنية ومقتنى من ان يعرض له الفساد (fol. 102r).

d) Lack of concord between verb and a preceding subject [cf. Blau, p. 281].

Example: تلك الحال ... ولم يخطر (fol. 94v).

e) Lack of concord between verb and subject in a verbal clause [cf. Blau, p. 281].

Examples: فيصيبكم الاحزان والبلا (fol. 101r); يقع الشرور والمجادبه (fol. 107v); لحقه المحن العظيمه (fol. 114v); وازداد حسرتكم وضجيجكم (fol. 117v).

3. Confusion in the use of cases [cf. Kussaim, pp. 45, 75; Blau, pp. 317f].

Examples: كان الفضل علينا موهوب (fols. 100v-101r); ولا عدرا يتضح (fol. 101r); على مفقوداً (fol. 102v); على انساناً (fol. 104v); وحينذاً (fol. 108r); ان احباوه (fol. 110r).

4. *Mā* replaced by:

(i) *Lā*.

Example: لا اصيب (fol. 118v).

(ii) *Lam*.

Example: ولم دخل (fol. 118v).

5. Asyndetic constructions [cf. Kussaim, pp. 63f; Blau, p. 487].

Example: فهذا رجع القول الى ذكر الحزن والغم اقول (fol. 101r).

N.B. Certain usages are difficult to assign to particular categories of divergence: e.g. فهو المورود الان على نفسه (fol. 98v) [is this to be regarded as an anomalous IVth form, or as a Ist form used instead of a IVth form?]; العالم المعقول ... واسكنه الاشخاص (fol. 94r) [is this to be regarded as a clumsy equivalent of العالم المعقول ... واسكن فيه الاشخاص which the sense requires, or a possible extension of the use of the IVth form of this verb?].

In the present printed edition we have normalized all the divergences in orthography listed above, and have also normalized the morphology and syntax wherever it has been possible to find manuscriptal justification, while noting all variant readings in each case.

IV. Style

Over and above such characteristics as the foregoing, Coptic Arabic has a distinctive style[22], a number of the features of which are reflected in the present work. Owing to its disregard of many of the rules of Classical Arabic this style tends to be difficult, and sometimes obscure; in some instances it is possible that this obscurity is to be ascribed to the influence of Greek or Coptic constructions. On the other hand it is often characterized by redundancy or repetitiousness[23]. This may lead to the use of wholly tautologous expressions, e.g. ولعلهم يهلكونه ويبيدونه (fol. 108r); له البنون والبنات من الذكور والاناث (fol. 110v).

[22] See KUSSAIM, "Contribution à l'étude du moyen arabe des Coptes", pp. 69-77.
[23] *Ibid.*, p. 74.

LIST OF MSS USED

1. Bodleian Huntington 328 = A.
2. Princeton 1140 H = B.
3. Syrian Orthodox Monastery of St. Mark (Jerusalem) = C.

ABBREVIATIONS USED IN THE APPARATUS

marg. = margin
om. = omit(s)
trsp. = transpose(s)
+ = add(s)

N.B. The folio references given in the margin of the present edition of the text refer to A.

* بسم الله الحيّ الدائم الى الأبد دائماً ابداً — كتاب انبا ساويرس بن [1] المقفع بركاته معنا آمين . * Fol. 92v

المجد لله على ما منح من عطية ودفع من بلية وقبل من توبة وغفر من جنية وضاعف من ثواب ومحص من عقاب، ونستعينه على الهداية من الضلالات والتوقية من الوقوع فى الجهالات والبداءة من التبعات والمعاضدة من الدخول فى المشكلات.

هذا كلام فى طبّ الغمّ وشفاء الحزن تأليف الأب الفاضل القديس انبا ساويرس بن [1] المقفع أسقف الأشمونين، صلاته تحفظنا وكافة المؤمنين آمين [2]. صانك الله من كل محنة وحجبك عن كل ملمّة وجعلك من الصابرين على آدابه [3] الشاكرين الراضين بقضائه الفائزين بفضله آمين [4].

[I. الباب الأول]

قال [5] لما كان الحزن ⌐أعزّك الله [6] داءً دوياً ومرضاً ووبائياً [7] مفسداً

[1] A ابن.

[2] B has a variant incipit, which reads as follows: بسم الأب والابن والروح القدس اله واحد. نبتدىء بمعونة الله تعالى بنسخ طبّ الغمّ وشفاء الحزن والهمّ، تأليف الأب القديس الطاهر النفيس.

[3] B and C أدبه.

[4] B and C om.

[5] B and C om.

[6] B om; C places this phrase before الحزن.

[7] A وبيا ; B وبيئا.

* Fol. 93r للعقول ومخلقاً * للنفوس، وكان كثيراً ما [8] يعرض فى عالم الكون والفساد لأسباب نحن ذاكروها فيما يستأنف، رأينا أن نتحفك [9] بدوائنا الذى اخترناه لدفعه وطبّنا الذى امتحناه فى علاجه، ⌐وأن ننبئك [10] بما يسلّيك عن همومك [11] ويشفيك من محزناتك [12]، ممتثلين [13] لقول [14] الرسول ⌐بولص فى رسالته الى تسالونيكى [15] فليعزّ بعضكم بعضاً ⌐وليرمّم بعضكم بعضاً [16].

ونستعمل فى كلامنا ثلاث [17] طرق [18] من العلم احدها [19] علم المشاهدة بالحواس والثانية [20] الاستدلال بالعقل والفكر [21] والثالثة [22] كلام الله تبارك وتعالى الموضوع للاعتبار والتدبر [23]، ثم نضيف الى ذلك باباً رابعاً لانبائك [24] بأخبار الماضين وما لحق المصطفين المنتخبين [25] فلا تدع أعزّك الله درس ⌐هذا الكتاب ولا تغفل عن المواعظ الواردة فيه والآداب الموضوعة فى فصوله والادمان [26] على قراءته واستعمال قوارعه وتمييز [27] معانيه، * ينصرف عنك [28] الغمّ والحزن ⌐وينزاح عنك [29] الأنين [30] * Fol. 93v والاكتئاب وتعلم [31] أن عالمنا هذا عالم يجب اطراحه ⌐والاضراب عنه

[8] A om.; B مما.
[9] B نتحفظ.
[10] A om. these two words.
[11] B غمومك وما; C غمومك.
[12] A تحزناتك.
[13] A ممثلين.
[14] B and C قول.
[15] A and C om. بولص ... تسالونيكى.
[16] *I Thes. 5.11*; B om. وليرمم . بعضا.
[17] C ثلاثة.
[18] B طرايق.
[19] A erroneously reads احدهما.
[20] A and C والثانى.
[21] A وتحكم الفكر.
[22] A and C والثالث.
[23] A والتدبير.
[24] A لنتاول; B om.
[25] C المنتجبين.
[26] B and C كتابنا هذا ولا تغفل عن مواعظنا وآدابنا فبالادمان.
[27] C وتميز.
[28] A انصرف عنكم.
[29] A وانزاح عن قلبك; C وينزع من قلبك.
[30] A الانيين.
[31] A and C وعلمت.

وتخلّص نفسك من أوساخه [32] وتتنظف [33] من دنسه وتصير [34] حيواناً ناطقاً، تعيش عيش الملائكة وتسير سيرة الروحانيين، ثم تصير فى العاقبة الى المنزلة العظمى [35] والدرجة الكبرى وتشاكل النورانيين [36] وتجتمع مع [37] مجمع الأبرار فى بيعة الأبكار، وتكون مدينتك اورشليم السمائية [38] ودارك الملكوت الدائمة، غذاؤك التسبيح والتقديس، تأكل طعام الملائكة وتتغذى بغذاء الجواهر الباقية الذى وصفه داوود النبي ⌐فى المزمور سبعة وسبعين [39] وقال خبز الملائكة أكله البشريون وطعام السمائيين أكله الأرضيون [40]، ضوء اللاهوت شمسك وقمرك، وعناية الثالوث حافظتك وموقيتك من الزيغ والميلان، ممتنعاً ⌐من الاثم والعدوان، ممتعاً [41] حيث لا غمّ ولا حزن ولا مرض ولا هرم ولا لصّ ولا سارق ولا غاصب * ولا حاسد ولا ضدّ ولا معاند، لا [42] تزال حيّاً دائماً باقياً سرمداً الى أبد الابدين ⌐ودهر الداهرين [43]. فانصف [44] نفسك والتمس حظّك ولا تكن من ⌐الخاسرين والمرذولين [45] فتتأسف حقاً [46] وتحزن وتغتمّ حيث لا تنفعك [47] ندامة ولا تغنى عنك حسرة سائر أيامك وطول دهرك.

* Fol. 94r

[32] A om والاضراب .... اوساخه ; C فان خلصت نفسك من اوساخه وتنظفت من دنسه وصرت ....

[33] A تنضفت.

[34] A وصرت.

[35] C العظيمة.

[36] C التوابين.

[37] B om.

[38] C السموية.

[39] A and C om. فى .. وسبعين.

[40] Cf. *Ps.* 78.*25* and 105.*40*; A الارضيين.

[41] B om. من .. ممتعا ; C الآثام ; C متمتعا.

[42] C ولا.

[43] B om. these two words.

[44] A + من superfluously.

[45] C الاخساء الارذلين.

[46] B om.

[47] C ينفعك.

ولما [48] كانت الحكمة توجب [49] اخراج ما فى القوّة الى الفعل وما فى العدم الى الوجود خلق الله تبارك وتعالى [50] العالم المعقول تاماً كاملاً وأسكنه الأشخاص الروحانية والجواهر البسيطة والنفوس الناطقة والقوّات [51] المعقولة، الملائكة ورؤساء الملائكة والرؤساء والسلاطين [52] والأرباب والكراسى والقوات والكاروبيم [53] والسارافيم. والدليل على أنها روحانية قول داوود النبي ⌐فى مزمور مائة وثلاثة [54] خلق ملائكته ارواحاً [55]. والبرهان على أنها بسيطة قوله [56] وخدامه ناراً تتقد [57]. * فأعلمنا بهذا * Fol. 94v القول أنه خلقها من ركن من الأركان الأربعة [58] البسيطة وزيّنه، اعنى ذلك العالم، بالزينة الفاضلة [59] التى لا [60] يلحق الواصفون وصفها ولا يبلغ [61] الناعتون نعتها ولا تتمثّل فى قلوب البشر صورتها. ولذلك قال صفيّ الله ⌐بولص فى رسالته الثانية الى قورنثيا وهو [62] الذى اختطف الى السماء وسمع كلاماً عجيباً [63] لا يوصف ولا ينطق به [64] وان [65] تلك الحال لم ترها [66] عين ولم [67] تسمع بها اذن ولم تخطر [68] على قلب بشر [69]. وقال

[48] B and C لما.
[49] C om.
[50] C om.
[51] A القوات.
[52] B السلطين; A والسلطين.
[53] B والكاروبين.
[54] A and C om. فى .. وثلاثة.
[55] *Ps.* 104.*4*; the reference given by Severus is to the LXX.
[56] B قول بولص الرسول فى رسالته الثانية الى القورنثا erroneously.
[57] *Ps.* 104.*4*.
[58] C om.
[59] C om.
[60] A لم.
[61] A تبلغ.
[62] A om. بولص ..... وهو; C om فى .... وهو.
[63] B om.
[64] II *Cor.* 12.*4*.
[65] A and B ان.
[66] B تراها.
[67] B ولا.
[68] A يخطر.
[69] I *Cor.* 2.*9*.

النبي الآخر الموضع [70] الذى لا غمّ فيه ولا حزن ولا كآبة [71] ولا زفرات ولا أنين [72] لأن الجواهر التى فيه ⌐تشارف كلها [73] البهاء العظيم والمجد العجيب ونور اللاهوت يضىء عليها وعناية البارىء حافظة لها. هنالك اعتدلت الخواطر ولم تصب [74] الى الميلان والزوغان وزالت الدواعى [75] والأفكار ومالت تلك الجواهر بكليتها الى الحال الشريفة الفاضلة بالتسبيح والتقديس والتبريك والترتيل والتزمير [76] والتمجيد لخالقها ومنشئها * ومخرجها [77] من العدم الى الوجود على عظيم نعمته عليها وجزيل احسانه اليها. * Fol. 95r

ولعل هذا هو معنى قول ارسطاطاليس الفيلسوف ان العالم العلوى يتحرك الى بارئه وعلته كتحرك العاشق الى المعشوق. فذلك العالم [78] لما كان هو غاية النفوس واليه تميل ونحوه تتطلع [79] وكان لا سبيل الى الوصول اليه الّا عند التشبّه ⌐بساكنيه والاحتذاء [80] بسيرة من فيه فآثر أهل العقول [81] التشبّه بالسيرة التى تؤدّيهم الى تلك الحال وتبلغ بهم تلك المنزلة وهى ما نحن ذاكروه فى غير [82] هذا الكتاب.

فلنعد الى ما قصدنا له فنقول ان البارىء تبارك لما خلق العالم المعقول

[70] A والموضع.

[71] A om. these two words; B + وحق وبالحق انه + C ;لا غم فيه ولا حزن مكان لا.

[72] Cf. *Is.* 51.*11*; 65.*19*.

[73] B trsp.

[74] B تصبوا ; C فلا تصبو.

[75] A الداعى.

[76] B om.

[77] C ومحرضها.

[78] C om.

[79] B تطلع.

[80] A الى ساكنه والاحدا.

[81] C om.

[82] B om.; C فقر.

على ما [83] وصفنا وبيّنا وكانت الحكمة توجب ان يخلق [84] العالم المحسوس أنشأ بقوته العالية ومشيئته النافذة ⌝عالم الكون والفساد [85] وخلق الأجساد النامية ⌝والمتحركة والجمادية [86]، ولما كان كل * مركب لا [87] بدّ له من *Fol. 95v الانحلال وكان قابلاً للتأثير جعل [88] فى طبيعته ما يخلف به [89] عوضاً عن الفاسدات ليبقى النوع محفوظاً. فلما تمّ العالمان على غاية الحكمة والاتقان [90] وكان لا بدّ من العالم الثالث لئلا [91] يبقى فى العدم شيء الّا خرج الى الوجود خلق تبارك وتعالى [92] الانسان وهو العالم الثالث من ⌝جسم من [93] الأجسام المحسوسة ونفس ناطقة علّامة [94] عاقلة، وزيّنه أحسن زينة ثمّ أسكنه داراً أعلى من عالم الكون والفساد ودون [95] العالم المعقول وهو فردوس النعيم كائناً ذلك الفردوس ما كان. ثم انه برأفته خلق من جسمه من [96] يشاكله ويشابهه ليكون له معيناً ومؤنساً [97].

فلما تمّت الحكمة وانتهت الغاية وكان ذلك الشخص ⌝من أمرين متباعدين خلقة [98] رأى من [99] الحكمة تقديم الوصية [100] له وتحذيره من الميلان الى أخسّ جزئيه، وأعلمه أنه قد خلقه من الباقي والفاني وأنه

[83] B ومما.

[84] A تخلق.

[85] B places these three words before بقوته ....

[86] B om. these two words.

[87] A فلا بد.

[88] B وجعل, erroneously.

[89] A + نفسه.

[90] A والايقان ; C والاتفاق.

[91] C لكى لا.

[92] A and C om.

[93] C احد.

[94] C عالمة.

[95] A دون.

[96] A and C ما.

[97] C مؤنساً

[98] B خلقه من امرين متباعدين.

[99] A and B ان.

[100] A and B الوصاة.

* Fol. 96r يحفظ عليه البقاء * والدوام ما دام سامعاً لأمره سالكاً [101] ما يشاكل حال البقاء والديمومة، وأعطاه جميع ما يعلم حاجته اليه من الاستطاعة والسلطان ⌝على تناول [102] المعقولات والمحسوسات، وغرس له من أنواع [103] المطاعم المعقولة والمحسوسة ما يقوّم ⌝بنفسه وجسمه [104]. فلما اغتاله العدو بخديعته واحتال عليه بمكيدته بما طمّعه [105] به وغرّه [106] فى نفسه وأراه أنه [107] يصير الى حال عظيمة جليلة، طمع فى التصلف والتجبر وظنّ أنّ الأمر كما زعم العدو الغرار أنه يصير الهاً ومسلطاً وملكاً ورئيساً، ويخلع الطاعة والعبودية ويكون ربّاً لا مربوباً، فاستحق البائس أى [108] بما ظنّه [109] وتوهمه من هذه الأمور المعكوسة والأحوال الممتنعة كل عقوبة لأنه استهان بقول [110] ربّه ومالكه ونبذ وصية الرئيس المفروض [111] عليه [112] طاعته، واعتقد جهلاً أن المخلوق المربوب الضعيف المنقوص يجوز أن يكون الهاً وربّاً ومعبوداً ومسبحاً كما * ظنّ أيضاً ذلك الشقى نسطور ومعلّماه تيودرس
* Fol. 96v
وديودرس [113] وقبلهم اريوس المعتوه. فحينئذ عاقبه الله أمرّ عقوبة وأحكمها وأليقها بالسياسة [114] الفاضلة. خلع [115] منه البهاء والمجد اللذين اكسبتها اياه [116] قوّته الحافظة لها من التغيير والبلى والنقصان والاستحالة، وألبسه

[101] C وسالكا.
[102] B om. these two words.
[103] B om.
[104] C بجسمه ونفسه.
[105] B and C اطمعه.
[106] C واجراه.
[107] A ان.
[108] B om.
[109] C بمظانه.
[110] B قول.
[111] C المفروضة.
[112] A and B om.
[113] A وديودس.
[114] B السياسة.
[115] B فخلع.
[116] A ايايه ; B له.

ثوب الذلّ وجعله قابلاً للتأثير ممكّناً فيه [117] الفساد والهلاك، ليبيّن له خزيه [118] وجهله وأنه جسم حائل [119] ناقص محتاج مضطرب حقير ذليل لا يشبه البتة الجوهر الأزلى الدائم الكامل الفاضل الجواد الخير، وأن الذى تصوره [120] من ذلك فوق مقداره وأعظم كثيراً من خطره. ثمّ أخرجه من دار الراحة والمتعة [121] الى دار الشقاء والمحنة، وخلا بينه وبين كدّ يديه وعرق جبينه، وجعل قوته .أخسّ قوت وأمرّه وأبذله، لأنه أطرح تلك المطاعم الشهية العفيفة [122] البهية. ثمّ قال * كالمستهزىء به والمنبّه له [123] * Fol. 97r
على جهله هوذا آدم ⌐قد ظنّ واعتقد وتصور أنه [124] قد صار كواحد منا يعنى [125] الثالوث المقدس [126] يعرف الخير والشرّ [127] أى ⌐يعرف سياسة الأنواع والأشخاص والحكمة التامة والعلم الكامل [128]. ومن العدل ان جعل آخر [129] أمره رجوعه الى القبر حتى يصير تراباً ورماداً، يعلم [130] العالمون عظم [131] ما ظنّه فى نفسه وتصوره بالجهل منه أنه يصير الهاً فصار تراباً ورماداً.

⌐وتعتبر أيضاً أصحاب الأوثان والأصنام [132] بما يرونه من فساد أوثانهم وأصنامهم وأنها تصير هباءً وتهلك ويعود كل ⌐اسطقس الى اسطقسه [133].

[117] B منه.
[118] C خزيته.
[119] A and B سايل.
[120] A يصوره.
[121] C والنعمة.
[122] B and C النظيفة.
[123] A and B om.
[124] B om. by haplography.
[125] B + احد.
[126] B الاقدس.
[127] *Gn.* 3.22.
[128] B om. يعرف ...... الكامل.
[129] C om.
[130] C علم.
[131] C عظيم.
[132] A والانام ; C لتعتبر اصحاب الاصنام والاوثان.
[133] C عنصر الى عنصره.

ثم انه قال له [134] وبما أعاقبك به وأضعف به [135] قلبك أن الارض التى تسكنها تكون فيها محزوناً أيّام حياتك كلها، وتخرج لك الحسك والشوك الى أن ترجع الى التراب الذى ⌐منه كنت [136] يا شقى بائس حاسد ظنّان، وكذلك امرأتك [137] : * تكونين تلدين بنيك بالحزن، وأكثر [138] غمومك * Fol. 97v وزفراتك [139]. فهذا أصل الحزن والغمّ.

[II. الباب الثانى]

وان كان قد مرّ فيما قلناه معان [140] تحتاج الى تفسير وشرح فان غرضنا فى كتابنا هذا دفع الحزن وصرف الغمّ، الّا انّا احتجنا أن نأتى بمقدمات لذلك كما جرت عادة المعلمين، ونحن نفسّر هذه المعانى كلها فى المواضع ⌐التى يليق ذلك بها [141].

واذ قد بيّنا الآن من أين وُجد الحزن من كتب الله تبارك وتعالى [142] فلا بأس أن نذكر أيضاً كيف وُجد الحزن على مذاهب الفلاسفة وما هو وكيف هو ولم هو. ولما كان الحزن موجوداً كما شاهدنا وعرفنا أردنا أن نعلم كيف وُجد. فان فى هذا الموضع ⌐مطالب شتى [143]، أحدها أنه [144] اذا كان على رأى الفلاسفة الانسان مركباً من حيوان ناطق مائت وهذه

134 B om.
135 C om.
136 C trsp.; B اخذت.
137 C + وقال لها.
138 B وتكثر.
139 A ورفرافتك. Cf. *Gn.* 3.*16-19*.
140 C ما لا.
141 B اللايقة بها.
142 B and C om.
143 A and B مطالبات.
144 C om.

صورته وتمام نوعه وحده فمن أين دخلت هذه الاشياء ووجدت؟ والآخر أنه اذا * (Fol. 98r) كان البارىء هو ينبوع الخير وعين الجود وكانت ذاته ذاتاً خيرةً ولم يكن هو ابدع شيئاً من الشرور فمن أين وجدت؟ والثالث [145] أنه اذا كان ما يقوله ماني باطلاً من أن ابليس العدو المنابذ والضد المعاند هو خالق الشرور والاحزان والغموم والخطايا والآثام فمن أين ⌝وجدت وكيف ظهرت؟ [146]

ولأن [147] معلمى البيعة قد خاضوا [148] فى هذا الباب وقالوا فيه واستقصوا معانيه ما رأينا نحن أيضاً أن نشرع فى الكلام فى هذا المعنى، فانّا اذا [149] اقتدينا بهم وتبعنا آثارهم غير ملومين ولا محجوجين [150]. فالحزن على أصولهم مرض يعرض للنفس عند فقد محبوب أو بعد [151] مطلوب. والسبب فى وجوده أنه لما كان ميلان هذا الانسان الذى أُسكن [152] عالم الكون والفساد فى أكثر أحواله الى موافقة الجزء الشهوانى من أجزاء النفس وكان يؤثر ابداً ان يبلغ [153] سائر مراداته [154] وأن يتمّ له جميع [155] * (Fol. 98v) محبوباته، ولم تكن الحكمة توجب التخلية بينه وبين ⌝ما يؤثره ويختاره [156] اذ ليس له [157] فى ذلك حظّ ⌝ولا ربح [158]، وكان عائداً عليه

[145] A وثالثا.
[146] B and C ظهرت وكيف وجدت.
[147] A has the impossible وليس.
[148] B لخصوا.
[149] B قد; C ان.
[150] B محجوبين.
[151] B فوت; C وفوت.
[152] C سكن.
[153] C + الى.
[154] A مراده.
[155] This word is preceded in A by the superfluous ساير, which appears as the last word of the preceding folio.
[156] C مأثوره ومختاره.
[157] C om.
[158] C وربح.

بالضرر والأذية [159] وكانت الحكمة ابداً تفعل ما توجبه السياسة والتدبير وتأتى [160] ما هو ⌝أصلح وأجود [161]، فكأنه المسكين اذا عدم ان يتمّ له جميع ما يؤثره ويرتضيه ويختاره حزن واغتمّ واكتأب [162] وتأسف. فهو المورد [163] الآن على نفسه هذا الألم والمدخل [164] عليها هذا السقم.

واذاً [165] كان هو السبب فى ذلك والعلة ⌝فى ادخاله [166] على نفسه الغمّ والحزن. والبارىء تبارك برىء من فعله وابداعه. والدليل على أن الحزن فعل الانسان أن الله قد نهانا عنه ولا ينهانا [167] الّا عن [المحذورات] [168] وفعلها [169].

وقد أبان ذلك يوحنا فم الذهب فى رسالته الثالثة الى البينا [170] أن الأمور المحزنة لنا ⌝كيفما كانت هى [171] من الناس، والمواهب والجزاء من الله [172]. فان اعترض معترض * فقال قد قلتم على مذهب الكتاب أن الله عاقب الانسان بالحزن [173] والغمّ سائر أيامه [174] قيل له ان معنى ما قلناه هو ان ذلك الانسان لما خالف مرضاة خالقه وما فيه خلاصه [175] سلبه ذلك الحال التى كان يحفظها عليه من التغيير والفساد، واذا كانت تفضلاً

* Fol. 99r

159 A and B والمرزية.
160 B والثانى in error; C ويأتى.
161 C trsp.
162 C واكد.
163 A المورود.
164 A والمداخل.
165 C om.
166 A om. these two words.
167 A نهانا.
168 Accepting the suggestion in C that this word has been omitted.
169 A and B فعلنا.
170 B رسالته الثالثة الى البثنيه ; C الرسالة التى لقدونية. For the name البينا see p. 7, note 20 to translation.
171 A and B فهى كيف كانت.
172 C + سبحانه.
173 A والحزن.
174 B ايام حياته.
175 B صلاحه; C من صلاحه.

وانعاماً فله أن يتفضل ⌝وله أن لا يتفضل [176]، فلا يخرجه ذلك من الحكمة. ثم انه عند اعدامه ايّاه تلك الحال أسكنه حيث اختار وهو حيث تكون [177] المطاعم والمشارب التى طلبها وآثرها. فأعلمه ان تلك الحال ⌝تورده الأحزان سائر عمره وأنه اذ عدم تلك المنزلة النفيسة [178] فلن يخلو البتة من حزن وأسف وغمّ وهمّ متى ما سلك ⌝مثل ذلك الطريق بعينه وعلى أنه أيضاً متى ما اختار [179] الطريق الأفضل وسلك السبيل المنجية فلا بدّ له [180] من أحزان وغموم تلحقه * من تلك العصابة [181] التى * Fol. 99v آثرت [182] ⌝طاعة الجزء [183] الشهوانى وغلبته [184] وأطلقت [185] عنانه — فهذا هو معنى قول موسى النبي.

[III. الباب الثالث]

واذ قد تبيّن لنا الآن البابان الأولان وهما هل هو وما هو وعلمنا سبب وجوده، فلا بأس أيضاً أن نزيد فى البحث والنظر فنقول انه من ⌝البيّن الظاهر [186] أن [187] الحزن انما دخل على الانسان بما يورده على نفسه من التأسف على ⌝ما يفوته وفقده [188] محبوباته. انّا نرى الصبى ما دام طفلاً

[176] B om.

[177] C يكون.

[178] C om. these words and reads لنفسه for النفيسة.

[179] B om. these words by haplography; C التنزيل for الطريق.

[180] C om.

[181] A and C العصابة.

[182] B اثر بها; in C the unnecessary emendation لوت is proposed.

[183] C طاعته للجزء.

[184] A om.; B وغلبت عليه.

[185] B واطلق فيها.

[186] C trsp.

[187] B انما.

[188] B فوت مطلوباته وفقد.

صغيراً الى [189] أن يصير غلاماً كثير الفرح عظيم السرور غير مفكر فى أمر الدنيا، ⌝فاذا بلغ [190] سن الشباب مالت نفسه الى الشهوات واللذات واللعب والعبث [191]، فأوقعه [192] ذلك فى الامراض والأسقام والأحزان والغموم، ⌝من ذلك صغار [193] وكبار الأحوال، وعرض له الحسد والمنازعة بسبب [194] أعراض كثيرة تتولد [195] بعضها من بعض ويكون ⌝بعضها سبباً [196] لبعض، فلا يزال شقياً بائساً أيام * حياته كلها. ويتبيّن لك ما قلته بمثال أضعه [197] ⌝وهو أنه [198] يطلب الرئاسة فتحوجه تلك الحال الى أن يبغض من [199] هو [200] دونه. ثمّ تورثه البغضة الحسد [201] لأبناء جنسه ثمّ يتولد من الحسد الاحتيال فى الوصول الى ما قد حسد [202] عليه فتحدث الشرور فى العالم من هذا الوجه بعينه ويكون سببها [203] طلب الأحوال التى ⌝يشتهيها ويؤثرها [204]، فهذه أسباب ⌝أعراض النفس [205] وتولدها.

* Fol. 100r

وقد قال هرمس ⌝المثلث بالنعمة [206] ان الشرور فى العالم كالصدأ الذى يلحق النحاس ويعرض له، ⌝فكما بأنه ليس الصدأ لا يوجد [207] فى النحاس ولا ذاته وانما هو عرض يعرض [208] له ⌝فهكذا الشرّ ليس يوجد فى

[189] A om.
[190] A واذا طلع.
[191] A والنصب.
[192] A فاوقع.
[193] B and C وطلب معالى الامور.
[194] B and C فحصل له.
[195] A ولد ; B يتولد.
[196] A له منها اسباب ; B سبب.
[197] B + لك ; C اصنعه.
[198] A and C om. these two words.
[199] A ما.
[200] B om.
[201] C والحسد.
[202] B حد in error.
[203] B + انه.
[204] A بسببها توثرها.
[205] B اغراض ; C اغراض الناس.
[206] B بالحكمة ; C om. these two words.
[207] B فكما ان الصدأ ليس من جوهر ; C مع انه ليس الصدأ من جنس.
[208] C عرض.

طبيعة الانسان وذاته وانما عرض له [209] بالأسباب التى ذكرناها [210]. وقد قال الربّ فى انجيل متّى [211] ان الشرور تخرج من القلب، يعنى الأفكار ⌝الرديئة السيئة [212] على المذهب الذى بيّناه. ولولا انّا نكره * أن نخرج (* Fol. 100v) عن غرضنا فى ⌝الاختصار فى [213] هذا الكتاب ⌝لاتسعنا فى [214] القول فى هذا المعنى وزدناه شرحاً ووضوحاً.

فأقول الآن أنه اذا كان هاهنا عالم معقول يفوق الصفات ولا تبلغه [215] الأوهام ولا تلحقه الأذهان وكان قد [216] وقع الاجماع على أنه من [217] تنظف من أوساخ الدنيا وترك شهواتها المفسدة المضرّة وتشبّه بأفضل جزئيه الذى هو النفس وعمل ما يليق بها وصل اليه، فوجب [218] على أهل العقول المثابرة [219] على ما يبلغهم [220] الى هذه المنزلة ويحصل [221] لهم هذه الدرجة. وعند [222] نظرنا فى أمر [223] هذا العالم وتركيبه وتصاريفه ⌝ما نشتهيه ونرذله ونعلم [224] أنه لا منفعة فيه ولا خير عنده. فاذا [225] علمنا هذا وتبيّناه [226] وتحققناه فسبيلنا أن [227] نزهد فيه ونرفضه ونرغب فى ذلك [228]

209 B الشرور ليس هى من طبيعة الانسان وذاته بل عرض يعرض; C om. عرض .... فهكذا by haplography.

210 A ذكرنا.

211 A and C وقال الانجيل; cf. *Mt.* 15. *18-19.*

212 B om.; C trsp.

213 A and C om. these two words by haplography.

214 C لاتبعنا.

215 C يبلغ.

216 A om.

217 A om.

218 C ما وجب.

219 C النيرة.

220 A بلغهم.

221 A وحصل.

222 C وعندما.

223 C امور.

224 A وما اشتهناه لاردلناه وعلمنا; C وراينا من احواله ما استهنا به ورذلناه وعلمنا.

225 A واذ قد.

226 A om.; C وثبتناه.

227 A انا.

228 C om.

⌝العالم المعقول[229] ونطلبه، فتحصل[230] لنا حال أعظم من الحال التى[231] كنّا عليها[232] قبل أن نزلّ ونخطىء[233]. وانما ⌝حصل لنا تلك الحال لأن كان الفضل * علينا موهوباً[234]، والآن فانما نكدّ[235] ونعمل[236] ونتعب[237] فيعطينا[238] المجازى الجواد[239] ثمرة عملنا[240] الدار التى[241] لا منزلة فوقها ولا حال أشرف منها[242]، لئلا يبقى ⌝من الخير[243] شىء لم يفضه علينا، فيكون بخيلاً تعالى عن ذلك علواً كثيراً.

* Fol. 101r

فهذا هو[244] رجع القول الى ذكر الحزن والغمّ — أقول انّا لما حصلنا[245] فى عالم[246] الفساد والاستحالة كان[247] لا سبيل لنا[248] الى بلوغ جميع ما نريده ونؤثره[249]، وكان ذلك ميئوساً[250] منه ⌝فلا عذر[251] يتضح لنا ولا حجة فى ان نطلب المحال الممتنع، ولذلك[252] عظمت ⌝حسرات الانسان[253] واتصلت زفراته بما يفوته من مقصوداته ويعدمه من مطلوباته. واذا كان من الممتنع ان يسلم من الحزن والغمّ[254] فقد صحّ قول الفيلسوف

229 A and B om. these two words.
230 A فنجعل ; C فيحصل.
231 A الدى.
232 A فيه.
233 C ونعصى.
234 B and C صار يحصل [C+ من] اجل تلك الحال لاننا كنا متفضلا علينا موهوبا لنا.
235 C + ونسعى.
236 B om.
237 B and C + وننصب.
238 A and C واعطانا.
239 B الثواب.
240 C اعمالنا.
241 A الدى.
242 C om.
243 B فى الجود ; C من الجود.
244 A om.; B هذا.
245 B جعلنا.
246 B + الكون.
247 B وكان.
248 A om.
249 B ونطلبه.
250 A and B مأيوسا ; C ما ييأس.
251 A ولا عذرا.
252 A and B om.
253 A and B حسراته.
254 C om.

انّا [255] ان أردنا أن لا نحزن فقد أردنا أن لا نكون [256]، وكيف يكون هذا عافاكم الله؟ وقد قال ربّ الخليقة لرسله واصفيائه فى ⌝انجيل يوحنا [257] أما فى العالم فيصيبكم [258] الأحزان والبلايا [259] فتقووا فانى قد غلبت [260] العالم [261]. واذا كان [262] ربّنا قد أنذرنا بنزول الأحزان والآفات بنا فى العالم * فكيف يجوز لنا أن ⌝نسخط بقوله [263] ونمارى فى كلامه لأنه قد أمرنا بالتشجع وقال لنا تقووا فانى قد غلبت [264] العالم، فسبيلنا أن ⌝نفعل كما أمرنا سيدنا له المجد [265].

* Fol. 101v

فاذا [266] كان [267] العالم كثير التصاريف مختلف الآفات كانت [268] الأحوال المحزنة كثيرة والأسباب المؤلمة عظيمة، الّا أنها تجتمع فى ذانيك [269] البابين اما فقد محبوب أو فوت مطلوب [270]. واذا مثلنا [271] أمر [272] الدنيا نصب عيوننا فهو اما طلب قنية قد عدمناها أو ⌝فقدنا ما حصل [273] لنا. ومن

255 C + الآن.
256 A يكون.
257 A انجيله الطاهر ; C انجيله المقدس.
258 B فستصيبكم.
259 A والبلا.
260 B ظهرت.
261 Cf. *Jn.* 16.*33*; instead of the quotation from John, C has the impossible ما فى العالم, perhaps by haplography. In addition C omits the following phrase up to فسبيلنا.
262 B + الان.
263 B تسخط قوله.
264 B ظهرت على.
265 B نعقل ما امرنا به ; C نفعل ما قد امرنا به.
266 C وان.
267 B and C om.
268 B and C وكانت.
269 A تلك ; C om.
270 A + the apparently corrupt passage : فيورث عندنا الحزن والغم لانا له علمنا وتحققنا يقينا بالفعل الجوهرى عن الحال الفاسد الزايل لم كنا نحزن
271 C تمثلنا.
272 B and C om.
273 B فقد ما قد حصل ; C فقد ما قد حضر.

البيّن انّا اذا كنّا فى عالم كثير التصاريف سريع الاستحالة لا بدع [274] أن يفسد [275] الكائنات وتكون [276] الفاسدات كما قال ارسطاطاليس * [Fol. 102r] الفيلسوف ان كون شيء فساد شيء آخر، فلا بدّ لكل قنية ومقتنى من [277] أن يعرض له الفساد والهلاك [278] والتغيير والاستحالة والفناء [279] والعدم على حسب [280] ⌝جوهر كل [281] قنية ومقتنى وما توجبه ذاته وطبيعته وما هو ممكن فى عنصره. فاذا كان هذا هكذا فالتماسنا من الفانى ان يبقى ومن المستحيل الّا يتغير ومن الفاسد الّا يهلك ⌝عنت وجهل [282]، ونحن بمنزلة من يلتمس ⌝أن تبقى له الشمس طالعة [283] ابداً حتى يتمّ له غرضه ومقصوده [284]، ومن طبع الشمس أن [285] تتحرك من المغرب الى المشرق دائماً وقد عرضت [286] لها حركة ⌝أخرى هى حركة [287] القصر [288]، وهو [289] أن الفلك دائماً يحركها بحركته من المشرق الى المغرب فى كل يوم وليلة، فيكون هناك الليل ثم يعود النهار. فان أردنا أن يكون النهار ⌝دائماً ابداً [290] فقد التمسنا المحال الصرف، ومن التمس المحال فانها يحصل على * [Fol. 102v] ⌝حسرات دائمة [291] ووساوس [292] وظنون توسّخ عقله وتذهب بزمانه [293] وتصدىء نفسه وتظلم حواسه وتفرق خواطره.

[274] B يدع; C ندع.
[275] C نفسد.
[276] B ويكون; C ونكون.
[277] B and C om.
[278] C فى الهلاك.
[279] C والفساد.
[280] C om.
[281] B trsp.
[282] C عبثا وجهلا.
[283] C عدم انتقال الشمس الطالعة.
[284] B ومطلوبه.
[285] C + لا.
[286] A and C عرض.
[287] C om. حركة. اخرى by haplography.
[288] B القسر.
[289] B وهى.
[290] C trsp.
[291] C خسران دائم.
[292] A and C ووسواس.
[293] A زمانه.

وان جميع ما فى هذا العالم لا بدّ من أن [294] يلحقه الكون والفساد لأنه هكذا ⌝جبل أن يكون [295] عالم الكون والفساد، فسبيلنا ان نحصر [296] جميع الامور بين أيدينا ونتصورها بعقولنا ثم نحكم التمييز فيها يخطر لنفوسنا [297] ويعرض فيها. فانّا اذا فعلنا ذلك لم يغلب على نفوسنا حزن على مفقود [298]، اذ ليس فى [299] الطبع أن يبقى دائماً ولا بدّ من فقده وان طالت مدته، ولا على فوت مطلوب لأنه اذا حصل لنا فلا بدّ من فقده فنكون قد أدخلنا على نفوسنا [300] آفة ومرضاً بالاشتغال بطلبه ثمّ انّا عند عدمه نحزن [301] ونتأسف، وان [302] لم نلتمسه [303] سلمنا من الحالتين جميعاً (sic). واذا [304] لم نقتن شيئاً لم نحزن البتة كما قال ذلك [305] الفيلسوف العجيب اذا [306] أردتم أن ⌝يقلّ حزنكم [307] * فاقلّوا قنيتكم. ومن عدم [308] القنية [309] على * Fol. 103r ما بيّنا فليس ينبغى له ⌝أن يحزن [310] لأنه انما [311] اقتنى ما قد علم أنه يسلبه ويعدمه بنوع من الأنواع [312].

وهاهنا معنى آخر بيّن جداً، وهو أنه من كان فى هذا العالم ومختلطاً به فلن يمكنه البتة أن ينال جميع مطلوباته وأن تتمّ له سائر أغراضه،

[294] B om.
[295] C اثر الله ان يكون حيلة.
[296] C نحضر.
[297] C يختص بنفوسنا.
[298] A مفقودا; C مفقودنا.
[299] C om.
[300] B and C انفسنا.
[301] C نحن نغتم.
[302] B فاذا; C فان.
[303] C نلتمس شيئا.
[304] C وان.
[305] C om.
[306] B and C ان.
[307] C تقل حسراتكم.
[308] B اعدم.
[309] B and C + ايضا.
[310] C الحزن.
[311] A and B om.
[312] Ignatius Ephraim Barṣaum's rescension of C ends here.

اما لأن الأمر مقسوم عليه وعلى نظرائه فلن يجب أن يخص دون ابناء جنسه فيكون ذلك جوراً وعنتاً [313]، واما لأن الحكمة لا توجبه والطبيعة لا تواتى عليه لانّا نحب أن نبقى ابداً على أحسن هيئة وأكمل صورة وان نكون شباناً شجعاناً علماء فهماء وليس فى الطبع أن يفعل لنا هذا [314] لأن أجسامنا مستحيلة سيّالة قابلة للتأثير من وجهتين كما قال الطبيب الماهر جالينوس فانه يقول هذا [315] اللفظ لو كان البدن لا يقبل التأثير بمنزلة حجر الصنام لكان مستغنياً عن صناعة تقوم بمصلحته. الّا أنه لما كان يرد عليه أمران (* Fol. 103v) أحدهما من داخل والآخر من خارج احتاج الى صناعة الطبّ. فاذا كنّا بهذه المنزلة فكيف نلتمس أن نكون كما نريد نحن؟

وانما قدّمنا فى أول كتابنا صفة العالم المعقول وصورته وكيفيته ولهذا [316] المعنى بعينه وليعلم ذوو العقول أن الذى يلتمسونه من أن يبقوا على أحسن هيئة وأكمل [317] صورة، سالمين من الأمراض والعاهات ⌐والأسقام والآفات [318]، غير محتاجين ولا مضطرّين ولا مغمومين ولا محزونين، بل [319] فرحين مسرورين [320]، ممكن موجود فى ذلك العالم بعينه، الذى لا يمكن القسمة التغلّب عليه ولا تناله أيدى السراق ولا تلحقه حادثة ولا تناله نائبة ولا تحله آفة كما قال خالقه فى انجيل متّى [321]. فقد وقع الآن علينا

313 B om.
314 B هكذا.
315 B بهذا.
316 B لهذا.
317 B واجمل.
318 B trsp.
319 A om.
320 A + فليس in error.
321 A انجيله; cf. *Mt. 6.19*.

غلط عظيم فى التماسنا أن تتمّ لنا أحوال عالم البقاء والدوام فى عالم الكون والفساد، فأظنّ الخطأ [322] * انما وقع علينا بما أنا ذاكره. * Fol. 104r

وصف لنا ذلك العالم وعظيم خيراته وشريف أحواله، فمالت نفوسنا اليه [323] لأن النفس ابداً تختار الأفضل. فلما رأت كلما تقتنيه فى هذا العالم يعدم ويهلك أيقنت [324] وتحققت أن الفرح العظيم هو بقاء النعمة ودوام السعادة. فمن الناس من غلط كما قلنا، فأحب أن يكون ذلك فى هذه الدار وذلك محال. ومنهم من صحح التمييز وسلم الى العقل ما رآه من الصواب، فأطرح أمر هذا العالم والتمس ما يؤدّيه الى تلك الحال النفيسة، ومثاله مثال من ركب البحر وقاسى أهواله وسلك البرارى والصحارى وسار [325] بين اللصوص والقتلة، يلتمس [326] ما هو أوفى وأربح ويطلب جوهرة نفيسة [327] أو تجارة مفضلة قد وصفت له، فاستصغر جميع ما يمرّ به عند علمه بعظيم ما يصل اليه ويفيده [328].

* Fol. 104v ⌐واذا كان الامر من هذا الوجه وقع * الخطأ [329] على اناس [330] حتى صاروا يلتمسون من الطبع ما ليس فى الطبع ويريدون أن تكون أحوال عالم البقاء فى عالم الفناء وخواصّ تلك الدار فى هذه الدار. فمن أنصف من نفسه ونظر بعين قلبه الى هذه الشبهة علم أنه قد التمس باطلاً واعتقد جهلاً واستشعر الفرح والسرور ولم يستشعر الأسف والحسرات وتمع

322 B + ايضا.
323 B + وبحق مالت اليه.
324 B اسفت.
325 A وساير.
326 A والتمس.
327 Cf. *Mt.* 13.45-6.
328 B ويستفيده.
329 B فاذا كان وقع الخطا من هذا الوجه.
330 A اناسا.

نفسه عن اعتقاد الباطل وأراها الطريق الواضح وأعلمها ان كل ما تلتمسه فى عالمها [331] هذا من الأحوال الفاضلة خطأ وضلال وأنـهـا لا تـنـال مراداتها [332] ولا تبلغ [333] أغراضها الّا فى ذلك العالم الذى وصفناه، فانه اذا فعل ذلك قنعت نفسه [334] وصبرت وسكنت عن طلب [335] أحوال هذا العالم كلها ونشطت واشتاقت الى تلك الأمور بأسرها، وصارت اما أن [336] لا تحزن البتة واما أن تحزن حزناً لا يؤثّر فيها [337] ولا يفسد حسن نظامها كما قال العجيب اغريغوريوس نيسى [338] فى كتابه فى طبيعة * الانسان، * Fol. 105r فانه يقول أن الفيلسوف لا يحزن، وان كان قد يحزن اناس [339] على موت الأفاضل من الناس وعلى نزول العدو بساحتهم فان ذلك لا يؤثّر فيهم. وأنا اقول انه من تفلسف الفلسفة الحقيقية [340] التى آثرها انـطـونـيـوس ومقاريوس وبخوميوس ونظراؤهم فلن يحزن البتة ولا يغتمّ، بل هو ذاك الذى قال فيه داوود النبي ⌐فى مزمور ستة وتسعين [341] تذكرت الـربّ ففرحت.⌐ واذا كان [342] هؤلاء وأمثالهم لا يفترون عن [343] ذكر ربّهم ولا يتشاغلون الّا بالالهاج بخالقهم فهم ابداً ⌐فرحون مسرورون [344]، لا محزونون ولا مغمومون.

[331] A. عللها in error.
[332] A من اداتها in error.
[333] A + من.
[334] A om.
[335] A + marg.; B om.
[336] A om.
[337] B + الحزن superfluously.
[338] A om.
[339] B اناسا.
[340] A الحقانية.
[341] A om. these words. Cf. *Ps.* 97.*12*. The reference given by Severus is to the LXX.
[342] B واذا كانوا.
[343] A من.
[344] B فرحين مسرورين.

وان استدللت [345] بقصة اسطافانوس [346] أول [347] الشهداء والمتشبّه بربّه كطاقته ⌐فى الابركسيس [348] وجدته حين اكتنفه ذلك الجمع الخبيث⌐ وأحاط به [349] الحكام الأشرار وانصبّت عليه الشهادات الزور وانبسطت عليه أيدى [350] الأثمة حاملة الحجارة وراجمته بها * كالماء السائل كيف فرح (* Fol. 105v) وسرّ وتهلل واستبشر وجهه واكتسى نوراً وبهاءً وزالت عنه أغراض النفس كلها من الغضب وشهوة الانتقام والغلظة والقسوة على أعدائه لما كشف له [351] الحجاب الكثيف وتجلّى له مجد الرب وأضاءت نفسه بمعاينة الملكوت حتى قال بصوت رخيم وقلب رقيق [352] ومحبة خالصة يا ربّ لا تعدد هذا الذنب عليهم [353]، متشبّهاً بربّه القائل ⌐فى انجيل لوقا [354] يا أبتاه [355] اغفر لهم فانهم لا يدرون ما [356] يصنعون [357].

وقد قال الفيلسوف الحقيقى [358] أن السعيد لا يناله سوء، وأنا أقول أن الفيلسوف الحقيقى أيضاً، أعنى الذى آثر السيرة الفاضلة ونبذ الدنيا، لا [359] تهوله الأمور الواردة عليه وان كثرت وعظمت والمت واثّرت لان نفسه كحجر الماس فى قوته وشجاعته وصبره.

واذا ذكرت قصة باسيليوس قانون الأساقفة وناموس وامام أهل البيعة [360]

[345] A استللت.
[346] *Ac.* 7.
[347] B امام.
[348] A om. these two words.
[349] B واحاطت.
[350] B اليه.
[351] B عنه.
[352] B رحيم.
[353] *Ac.* 7.60.
[354] A om. these three words.
[355] B ابت.
[356] B ماذا.
[357] *Lu.* 23.34.
[358] B الخلقى.
[359] B فلا.
[360] A التقيه.

* Fol. 106r

مع واليس الملك ومع ذلك * ⌝الفاجر الآخر[361] صاحبه وخليفته بان لك صحة ما قلته واتضح عندك جميع ما شرحته. وذلك أن واليس الملك أمر بنفى القديس، فبينما هو يكتب كتابه الى حيث أراد نفيه بعد التشديد والتغليظ والتهديد والوعيد نهض من بين يديه فرحاً مسروراً جذلاً طلقاً. فأما خليفته فانه حين وعظه القديس وبيّن له سرّ الأمانة وفسّر له ما أشكل عليه قال له ما[362] أحوجك الى أن[363] يقلع كبدك من جسمك. فأجابه القديس قائلاً وهو خافض صوته يا هذا ليتك تفعل فكنت تزيل عنى ألماً عظيماً، فان كبدى كثيراً ما[364] يثير علىّ مرضاً[365] ووجعاً وسقماً. أفرأيت كيف يسرّ الفيلسوف بجميع ما ينزل به ويحدث عليه؟

* Fol. 106v

وقد قال ذلك الشجاع الجواد يوحنا فم الذهب فى بعض كتبه لست أخاف من النفى والحبس لأن أحدهما مشاهدة * بلدان لم أكن رأيتها ⌝والآخر معاشرة أناس لم أكن عرفتهم، والأرض[366] كلها لله ونحن فيها غرباء فحيث حللنا فهو لنا منزل. وقال فى موضع آخر كل الآفات والحادثات والآلام والأعراض لاحقة بالجسم فقط، فأما النفس فلا[367] يصل اليها شىء من ذلك، وهو معنى قول الانجيل ⌝فى متّى[368] لا تخافوا ممن يقتل الجسد فانه لا ⌝سلطان له[369] على النفس[370]. وقد قيل عن فيلسوف قديم أنه

361 B trsp.
362 A فما.
363 B من.
364 A بالما in error.
365 A امراضا ; B + والما.
366 A has the inferior reading : ومعاشرة اناس لم اكن عرفتهم والاخر ان الارض.
367 A فليس.
368 A om. these two words.
369 B trsp.
370 Cf. *Mt.* 10.*28*.

كان يقول اللهم انزل بى الشدائد والبلايا. وقال فيلسوف آخر أما أنا فقد تعلمت من حكيم ماهر أن أوطّد نفسى على القتل والضرب والنفى والحبس ⌐والآلام والآفات [371] حتى اذا نزل بها شىء من ذلك لم تكن كما لم [372] تعرفه، بل كالشىء الذى لم تزل تتوقعه. فهذا كله [373] يبيّن [374] فضل من تفلسف، وأنه لا يحزن ولا يغتمّ ولا يتحسر ولا يتأسف اذ قد نظر الى * الأمور بما هى عليه وتصورها بصورتها ولم يخف عنه أمرها ولا عرضت له شبهة فى حقيقتها [375].

* Fol. 107r

[IV. الباب الرابع]

فاذ قد بيّنا من أين وُجد الحزن وما هو الحزن [376] وكيف السبيل فى أن لا نحزن فقد بقى علينا أن نبيّن كيف يدفع الحزن اذا ورد، وكيف يقع التسلّى عن الغمّ اذا حدث. فأقول أنه متى حلّ بنا ما يحزننا من فقد قنية أو عدم طلبة أو تأثير فى الجسم من آفة حادثة أو علة مؤذية فانه ينبغى لنا ان نعتبر فى ذلك أجمع بقصص الماضين وننظر فى سير الأولين. فانّا عند ذلك نعلم أنه ما أصابنا الّا ما قد أصاب [377] من كان قبلنا كما قال معلّم الحقّ بولس ⌐فى رسالته الأولى الى تسالونيكى [378]. وأعظم كثيراً

371 B والالام والالام ت.
372 A لا.
373 A om.
374 A بين ; B بين فى.
375 A تحقيقها.
376 B + و من الذى يوثر فيه الحزن.
377 A صاب.
378 A الرسول; this reference to I Thessalonians applies to chapters 1-3.

قول ربّ بولس ⌝في إنجيل لوقا [379] ان آبائهم [380] قد فعلوا هذا وأشباهه بالانبياء قبلكم [381].

فاذا كان [382] الماضون قد امتحنوا فصبروا ونكبوا [383] فاحتملوا جميع ما نزل بهم في * [Fol. 107v] قنيتهم وأجسامهم فرحين مستبشرين [384] مسرورين جدلين [384]، فسبيلنا أن نتأسى بهم وأن نتشبّه بمذاهبهم. فأما ما نصاب به في قنيتنا فانّا متى أيقنا [385] أن جميع ما يتصرف فيه البشريون مشترك لجميعهم وانّا لسنا أولى به [386] من سائر أبناء جنسنا ولا أحقّ منهم بالاختصاص والإيثار، وأنه متى غلب على شيء من ذلك واختص به فليس بالواثق أنه لا يغالب عليه ولا يسلبه، بل لا بدّ من أعمال الحيلة ⌝من انتزاعه [387] من يده. واذا كان هذا هكذا فمن هاهنا تقع [388] الشرور والمجاذبة والاختطاف والاغتصاب وسائر الأشياء التي تتولّد من هذه الأمور [389]، وهي البغض [390] والحسد والقتل والغيرة [391] والخديعة وغير ذلك. ومن كان من [392] نظرائه كلهم ⌝يريده ويقصده ويرمقه [393] ولا بدّ لهم من الظفر به يوماً ما ولن يحصل في هذا [394] الشقاء * [Fol. 108r] الّا من كثرت قنيته واستعمل الإيثار بأمور الدنيا، فان العيون تطمح اليه والابصار ترمقه وتمتدّ [395] نحوه،

379 A om. these three words.
380 B اباكم.
381 Cf. *Lu.* 6.23.
382 B + الان.
383 A وبكتوا.
384 B om.
385 A ما استيقنا.
386 B بهم.
387 B عليه في انزاعه.
388 A يقع.
389 A الاشياء.
390 B البغضة.
391 B والغلبة.
392 B بين.
393 B تريده وتقصده وترمقه.
394 A + وفي هدى.
395 A تمد.

وحينئذ [396] تُنصب له أفخاخ الحيل وتنافس على ما حصل له، لأنّ الدنيا محبوبة فلن يتركها محبوبها لمن حصلها واكتنزها. ومثال ذلك مثال قوم جياع قد شاهدوا طعاماً نظيفاً فى يد شبعان فهم يرصدونه [397] لاستلاب [398] ما عنده ليفوزوا به ولعلهم يهلكونه ويبيدونه. ومن قصد التوسّط ولم يمل [399] الى التكاثر سلم من عيون الحساد وحيل الاعداء وصار محبوباً مكرماً. ثمّ أنه [400] من وجه آخر اذا عدم ما قد [401] حصل له علم أنه انما كان فى يده على سبيل العارية، لأنه لا بدّ أن يرتجع منه وان كان لا يدرى متى يرتجع المعير تلك العارية منه أو [402] على يد من يأخذها اليه [403]. فاما ان ظنّ أن [404] * تلك العارية له وأنه أملك [405] بها من * Fol. 108v
ربّها فذلك هو اللئيم الأخلاق والحاسب المحتال والخائن المحتال والكافر الغدار اذ لم يطب [406] نفساً بردّ العارية الى معيرها ولم يفرح بارتجاعه إياها ويتسلّى عنها بعودتها الى صاحبها، بل توهّم أن سبيل المعير ان يدع له [407] عاريته تلك وأن [408] يملكه إياها دونه ويكون أحق بالتمتع ⌐بها والتنعم بحسنها [409].

فاذا كان الآن [410] للمعير ارتجاع ما أعرناه فكيف جاز لنا أن نحزن أو

[396] A وحينداً.
[397] B يرتصدون.
[398] B لاسباب.
[399] A يميل
[400] B + ايضا.
[401] A om.
[402] B ولا.
[403] B. om.
[404] A om.
[405] B املكه in error.
[406] A يطيب.
[407] A om.
[408] B وانه.
[409] A بحبها.
[410] B om.

كيف [411] يجوز لنا أن نخلى بين النفس والتأسف [412] على ارتجاع ما لم يكن لها منها. ومن الدليل الواضح أن جميع قنيتنا عارية [413] انّا لم ندخل الدنيا الّا عراة كما قال [414] الكتاب الالهى، وأن [415] الخالق الرؤوف لم يزل يفدينا ويقوم بحاجتنا منذ كنّا فى الظلمات الدامسة وحين خرجنا الى [416] النور البهى الى أن بلغنا وعقلنا، وأن * الذى نكتسبه بحياتنا [417] وكدّنا وتعبنا هو الذى خلقه وأوجدنا السبيل الى الوصول اليه. ولولا الله خلقه وأبدعه اذاً لما وصلنا اليه ولا ظفرنا به، وانما خلقه لنا لنتناول منه حاجتنا ويسترجعه منا متى علم أن فى ذلك صلاحاً لنا كما انه أعطاناه حين رأى أن فى اعطائنا إيّاه الصلاح لنا وأنه لجميع القنيات مالك، أباح عبيده الانتفاع بها الى وقت إرادته ارتجاعها فمن ظهر منه التأسف والحزن على أخذها منه فحينئذ يعلم أنه خائن غدّار لم يوفه على فعله بشكر نعمته واحسانه، فلعله أن يغضب عليه فيعاقبه على سوء النية وخبث الروية

* Fol. 109r

[411] A om.

[412] B وبين التاسف.

[413] B + معنا.

[414] Cf. *Jb.* 1.*21*.

[415] B diverges from A at this point, concluding with the following passage: ... فى أيوب الصديق وصبره، فطوبا لمن ماثله وتشبه بشجاعته فانه لم يحزن البتة ويعيش حياة سعيدة ويصل الى غاية حميدة، صابراً لنوائب الدنيا وشاكر لربه على حلولها به ومعتد ذلك منة لله عليه، فيرث حياة خالدة وخيرات مؤيدة، متمتع بنعيم لا يزول وبهجة لا تفنى، متنعم مع القديسين وفائز مع الصالحين، جعل الله تعالى لنا معهم حظّ ونصيب فى ملكه السماوى بوسائل وطلبات الأبرار السعداء الفائزين وشفاعة مرتمريم سيدة نساء العالمين، والدة الخلاص، وجميع القديسين. آمين.

[416] A من in error.

[417] A بحليتنا.

كما قال [418] الانجيل موبخاً لذلك الشعب الغدّار أن شبّههم بالقبور المجصّصة ظاهرها وداخلها بكل منظر قبيح وحش.

فاذا كان للمعير ارتجاع عاريته كيف شاء وعلى أى وجه * شاء فلا * Fol. 109v عذر لنا فى أن نحزن على أخذه عاريته كما قلنا آنفاً. فاما ما يصل الى أجسادنا من التأثير والألم والمرض والوصب والحزن والغمّ فلولا أنها جُبلت قبلت التأثير أن لما حسسنا بلذة ولا تطعّمنا متعة ونعمة ولأنها حسّاسة قابلة لما يرد عليها، فكان الاختلاف فى عالم الكون والفساد كثيراً مضاداً وكان عند ورود تلك الأحوال على الجسم أثّرت فيه وغيّرته ولم يكن له بدّ من أن ينفعل. واذا كان لا يمكنّا الاحتراس مما يرد علينا اذ كنّا لا نعلم اتيانه وأوقات حلوله فينبغى لنا أن يهون علينا الأمر، وذلك كما هان علينا فى الموت، فانه لما علم البشريون أنه لا بدّ مائتون وهم لا حيلة لهم ابداً فى دفع هذا العارض اذ كان امام نوعهم وانحلال [419] الفصول المقومة لصورتهم وبعض أجزاء أجسادهم [420]، هادياً لما هم عليه * بالحقّ [421] وان * Fol. 110r كان خيراً صديقاً ليظهر لله توبته وشجاعته وصبره بأعماله [422] ولكن بسريرته وضمير قلبه فيكون مثالاً يُقتدى به وحجّة على من صدقت نفسه وقلّ يقينه وعزاء وسلوى لمن اقتدى به، لئلا يقول فى نفسه أن نجباء الله واولياءه انما اطاعوه وأرضوه لما سلموا من الآفات والعاهات والمحن والبلايا،

[418] *Mt.* 23.27.

[419] A reads واحتيال, which gives no satisfactory sense.

[420] A حدودهم.

[421] See p. 19, note 47 to translation in regard to this passage.

[422] A + و superfluously.

فأراهم أن أحباءه وأصفياءه يطيعونه فى السّراء والضرّاء ويرضونه فى الشدّة والرخاء، ولا يتكرهون محنه ولا يتسخطون تجربته، فيوجب لهم على صبرهم واحتمالهم وحسن ضميرهم ونقاوة سريرتهم جزيل الثواب وحسن المآب ويجوز لهم به الكرامة ويجازيهم عليه بالسعادة كما قال [423] الرسول المغبوط لنفتخر نحن أيضاً بكم فى بيعة الله بجميع احتمالكم وصبركم على جهدكم وشدائدكم التى تحتملوها * Fol. 110v ليتبيّن حكم الله العدل لكى تستأهلوا [424] ملكوته التى فى سببها تتألمون.

فممن امتحنه الله فصبر فابتلاه فشكر أيوب الصدّيق، فانه كان رجلاً باراً تقياً طاهراً زكياً أميناً وذا سعد [425] وغنى ورئاسة، له البنون والبنات من الذكور والاناث، وكان عبداً لله مرضياً. فبينما هو قار فى داره وسالم فى جسمه اذ حسده اللعين المحتال، فسغى به ونمّ عليه وقال أن أيوب انما يطيعك يا الله لانك خولته وأعطيته، ولو أحرمته وأفقرته وأمرضته وأزمنته وأهنته وأرذلته لكفر بك ونبذك. فلما علم علّام الغيوب والمطّلع على القلوب كذب المحتال [426] النمّام وان عبده خالص النية ونقى [427] الطوية لا يكفر به ولا يجحد نعمته، خلى بينه وبين عدو البشر بأجمعهم ولم يجعل له سلطاناً على نفسه وذاته لكن [428] ماله وجسمه وثمار قلبه * Fol. 111r وأحباب روحه.

وكان من أمره على ما أخبر المفسّرون أنه كان بادرعات، قرية من

[423] Cf. II *Thes*. 1.4-5.

[424] A يستاهلوا.

[425] A وسعد.

[426] A المحال.

[427] A وزيقى.

[428] A لكنه in error.

تخوم دمشق، فبينما هو يقرّب لله فى بعض أيّامه قرباناً شكراً لنعمته عليه واستدامة لما خوله إيّاه اذ أتى اللعين ابليس وقد أضمر المكيدة لصفىّ الله وقدّر أنه يثنيه عن عزمه ويصدّه عن جميل نيته. فلما رآه الخالق تبارك وقال له انك نويت لعبدى أيوب شرّاً وليس على وجه الأرض أبرّ منه ولا أنقى، فردّ الرجيم المحتال [429] من الجواب ان الذى يفعله أيوب من هذا كله انما هو منك لأنك صححت جسمه واسبغت نعمته وعظّمت خيره وكنفته وعصمته وأنشأت فى مدته وأدمت سلامته، ولو صرفت وجهك عنه وقفت من طويته وخبثه وقنوطه وغدره على ما يفوته. فان اطلقتنى واياه أظهرت سرائره [430].

(* Fol. 111v) * فبسط الله يده عليه وعلى سائر قنيته وسلّطه على ماله وعبيده، فلم يدع اللعين نازلة فادحة ولا حادثة مؤلمة الاّ أنزلها بالصدّيق فى أسرع من الطرف. ثم تمثّل له وأقبل اليه منذراً بما لحقه فى ماله وولده وجميع ما تحويه يمينه، فحمد أيوب ربّه وخرّ ساجداً لخالقه وجعل يقول خرجت من بطن أمى عرياناً وأنا صائر الى الأرض عرياناً، الربّ أعطى والربّ أخذ، يكون اسم الربّ مباركاً [431]. فخزى الشيطان وبهت وولى منهزماً مذعوراً لما شهد من جميل صبر أيوب وحسن عزائه وأنه لم يتسخط ولم يقنط، وجعل يقول فى نفسه انما سهل عليه لما أنزلته به وأعدمته إيّاه لأنه سالم البدن صحيح النفس غير مؤيس من الخلف مما ضاع وتلف ومن كل شىء عوض * (* Fol. 112r) ولا عوض من النفس والجسم، ولو خلى بينى وبين جسمه لا

[429] A المحال.

[430] Cf. *Jb.* 1.*8-11*.

[431] *Jb.* 1.*21*.

يثبت عزمه وأبطلت شجاعته وعلم ربّه ضعفه وخبثه وتبيّن كفره وتذمره، فان سلطني على جسده ... [432] وسوغه ان يبتليه بما أحب من المكاره ولم يمكّنه من نفسه ومنعه الأضرار بعقله ولبّه وبصره ولسانه. فلما ظنّ اللعين أنه قد ظفر بالفرصة ووصل الى البغية ابتلاه من أعاليه الى أسافله بالقروح الخبيثة والأورام المزمنة حتى حزن عليه القريب والبعيد وتعجّب منه العالم والجاهل وجعلت زوجته تلك تضجر منه وتعافه وتحمله على الكفر بربّه وتمنعه الصبر والاحتمال، وهو محتمل صبور والقيح والصديد يتسايل من قروحه ويفيض من أورامه وهو ملقى على المزبلة مطروح فى الرماد [433]. * فقال فيه الرسول المغبوط يعقوب وكذلك أنتم أيضاً وسّعوا صدوركم ولا تقنطوا فقد بلغكم ما كان من صبر أيوب وعاينتم ما منحه الله من المواهب الخطيرة وأعطاه من الآخرة [434] الصالحة [435]. * Fol. 112v

وكتاب أيوب وسيرته وما تناوله به أصدقاؤه من التأنيب والتوبيخ نافع جدّاً فى دفع الأحزان والتسلّى من الهموم والغموم. ولولا انّا نحب الاختصار لاقتصصنا جميع أخباره وفسّرنا ما كان من أمره، فانظروا فى كتابه فانكم تعلمون من عدل الله وتفضّله وبرّه واكرامه لأهل طاعته والمحبين له ما يشرح صدوركم ويوسّع قلوبكم ويصفّى أذهانكم حتى تطرحوا الدنيا وجميع ما فيها وتغتنموا الآخرة وجميع نعيمها وتهون عليكم كل قنية وتتعزوا عن [436] كل مصيبة وتطهّروا نفوسكم لله ذبيحة متقبلة * وصعيدة * Fol. 113r

[432] See p. 21, note 53 to translation.

[433] Cf. *Jb.* 2.7-10.

[434] A الاخرى.

[435] Cf. *Jm.* 5.8-11.

[436] A om.

مقدسة فاضلة كما قال الرسول وتمثّلوا أمره اذ يقول اخلعوا الانسان العتيق مع جميع سيرته والبسوا الحديث الذى يتجدّد بالعلم شبه خالقه [437]. ثمّ فسّر ذلك قائلاً البسوا أيها الأطهار الأحباء الرحمة والرأفة والسهولة وتواضع الهمة واللين والأناة، وكونوا يحتمل بعضكم بعضاً وليغفر لبعضكم بعض، وان كان بأحد على صاحبه غيظ فكما غفر لكم المسيح كذلك فاغفروا أنتم أيضاً، والزموا مع هذه الأشياء كلها الودّ فأنه وثاق الكمال [438] وقولوا فى جميع شدائدكم وآلامكم وغمومكم كما قال خليل الله أيوب اذ وعظه وقال أن الكتاب يشكو من الرجل الذى يوبّخه الله ويؤنبه ويمتحنه [439]، وطوبى لمن لا يضجر بأدب الله القوى العزيز ولا يتسخط *Fol. 113v * أفعال القدير المنيع [440] من أجل أن الربّ يكسر ويضرب ويداه تشفى وتبرىء [441]. فان الشيطان عدو صلاحكم، اذا سمع هذا منكم حزن واكتأب وخزى وباد وتبيّن له ضعفه وخبثه وظهرت عنده شجاعتكم وجلدكم وقوّتكم وصحّة عزمكم.

فأما ابراهيم أب المؤمنين وامام المدعوين فانه لما آمن بالله وحُسب له إيمانه براً [442] وأراد الله اظهار أمره واعلان شأنه وتبيّن فضله فأمره بمفارقة أهله وأخلاّئه والتغرب عن بلده وموطنه، فسمع وأطاع وخلع ديانة آبائه ومحلة أهل بلده، واعتاض من الترخيص والتسهيل فى الملاذ

437 *Col.* 3.9f.

438 *Col.* 3.*12-14*.

439 Apparently a reminiscence of *Jb.* 19.*23* or 31.*35*.

440 A المبيع in error.

441 Cf. *Jb.* 5.*17-18*.

442 *Ro.* 4.*3*.

والنعيم الشقاء [443] والبؤس، فنزع الى ملك الشام فسكنه وآوى اليه فحين ظنّ أنه قدّيساً فابتلاه بأعظم الأمور كلها شأناً وأجلّها * خطراً. (* Fol. 114r) أمره بذبح ابنه وعزيز روحه اسحق بعد أن فجع باسمعيل وأخرجه الى البرية وأطرحه فى الهيمة [444]، فسارع الشيخ الى أمر ربّه وعمد الى ابنه وحبيبه فأصعده الى بعض الجبال وساقه الى الذبح. فيا ليت شعرى كيف كان قلب الشيخ لما أضجعه وحسر عن ذراعه وأخذ السكين بيده، فيالها محنة ما أعظمها وبلية ما أجلّها، الّا أن النبي المبارك آثر الطاعة لخالقه على مهجة قلبه ورغب فيما قرّبه من ربّه أكثر مما يسرّ به فى دنياه ويتسلّى به فى حياته. أفرأيتم كيف صبر البار الصابر بما امتحنه الله ربّه وكيف سمع أمر ربّه ولم يقاوم ما خاطبه به، فلما أعلن للناس جميل طويته وحسن اصطباره ردّ عليه ولده وافتداه من الذبح بالكبش وبارك عليه * وكثّر (* Fol. 114v) زرعه ووعده بأن يجعل الأنبياء من نسله والكهنة والأحبار والملوك والأبرار. فهذا جزاء من صبر على المحنة وشكر على البلوى والتجربة.

وما من أحد من أنبياء الله وأوليائه الّا وقد لحقته المحن العظيمة والنكبات الفادحة وتطعّم الفصص الكريهة وابتلى بالشياطين المردة والشعوب الخبيثة. فمنهم موسى النبي كليم الله وصفيّه، فلم يزل معذباً من صغره لما ألقته أمه فى اليمّ [445] وسجنته فى التابوت الخشب، ثمّ ما لحقه من الخوف والفرق لما هدّده [446] ذلك الاسرائيلى حتى حمله على الهرب

[443] A والشقاء.

[444] A الهمة.

[445] A الليم.

[446] A يهدده.

والتغرب وجعل نفسه عبداً مستأجراً، ثمّ ما لحقه من فرعون فلعل أن يخلّص من يده بنى اسرائيل. فأما ما قاساه من بنى اسرائيل الأمة المقوتة من الله * العاصية الشريرة فامرة تعجز وصفة الواصفين ونعت الناعتين. * Fol. 115r ولولا أنكم عارفون وله ذاكرون لاقتصصناه وبيّنّاه. ثمّ داوود مع شاؤول وأشعياء النبي الذى نشره منسا الملك بالمنشار الخشب، وأرمياء النبي الذى ألقى فى الجبّ مع الحيّات والأفاعى، ودانيال الذى طرح الى السباع الضارية. ثمّ تخلصهم الله من ذلك أجمع وأوجب لهم حسن الزلفى والجميل المنقلب على صبرهم واحتمالهم.

ولو اقتصصنا خبر أهل الحديثة كما اقتصصنا قصص أهل العتيقة لصغرت عندكم محنهم وهانت عليكم مكارههم، لانّا نجد الرؤوف العطوف لما أتى لخلاص الخاطئين واستنقاذ العالميين فسار فى الدنيا السيرة الفاضلة وجعل نفسه صفة لمن تنسك * وتبتل، فلم يخطىء ولا وُجد فى فيه * Fol. 115v كذب [447]، يبرىء المرضى ويشفى الزمنى ويبشّر الموتى، أكمل البشرية ما خلا الخطيئة وتمّم خصال الخير بأجمعها، فتناوله ذلك الشعب المفترى على الله والكافر لنعمة ربّه بكل كريهة، فصبر على ذلك حتى أنه أتمّ تدبيره وانبعث حيّاً الى حيث أتى وتخلّص البشر من أثر اللعين ابليس وشياطينه. ثمّ تلاميذه الأطهار لما تفرّقوا فى البلاد وساروا الى العباد [448] بهيئة خسيسة وفقر شديد يأمرونهم بخلع الدنيا ورفضها وينذبونهم الى

[447] A كذبا.

[448] This word has been repeated in A in error.

استعمال الفضائل واطراح الرذائل وترك الاشتغال باللذات الجسدية والمطاعم الزمنية والتشبّه بالملائكة والاحتذاء بسيرة عظماء الفلاسفة، فلحقهم من سوء أخلاق القوم وقساوة قلوبهم ما لو رمنا وصفه وتحديده لما[449] بلغنا جزءاً يسيراً منه. فمنها ان شمعون قد[450] صلب * منكساً بمدينة روميه * Fol. 116r وهو فرح مسرور مستبشر على يد نيرون الملك ملك الروم، ثمّ يعقوب الصدّيق رمى من أعلى الهيكل الى أسفل الأرض ثمّ ضربوه بالمدارب الخشب حتى قتل. وبولص ذبح صبراً، وتوما سلخ جلده وذلك بالخلّ والملح. ومرقس قتل بالاسكندرية، واغناطيوس طرح الى السباع الضارية فقال حامداً لله اننى صرت غذاء للوحوش. ثمّ قرنيليوس بعدهم شيخ قد طعن فى السنّ أحرق بالنار حيّاً. ثمّ لم تزل خلفاؤهم متشبّهين بهم ومحتملين كلما ينزل بهم، يقتلون ويصلبون ويعذّبون بأنواع العذاب وهم يرون الفاعلين ذلك قد أسعدوهم وصاروا سبباً لحسن منقلبهم. وكفى بك قول الرسول انا نموت فى كل يوم[451]، واستشهاده بنبوة داوود فى شعب المسيح اذ يقول انّا صرنا نقتل من أجلك فى كل يوم وقد عدّونا * كالحملان للذبح، * Fol. 116v وبهذه[452] الأشياء كلها فنحن غالبون[453].

فاذاً كان أولياء الله وأحباؤه قد هذّبهم وصفّى جوهرهم ونظّفهم من جميع اللذّات فلم يتسخطوا محنه ولا تكرهوا تأديبه. وقد قال تبارك

[449] A لم.

[450] This word has been corrected from the word originally written, which cannot be read with certainty, although it may have been الصديق.

[451] Cf. I *Cor.* 15.*31*.

[452] A وبهدا.

[453] *Ro.* 8.*36-37*.

وتعالى على لسان أنبيائه هابونى واقبلوا أدبى ولا تتكرهوا محنى فتستأهلكم نقمتى وسخطى [454]. وقال بولص الرسول لا تستهن [455] بتأديب الربّ ولا تمهن نفسك متى ما أنّبك [456]، فان من أحبه الربّ واعتنى بصلاحه يؤدبه [457]. وتقرّوا الأنبياء الذين يرضاهم فاصبروا على التأديب فان الله تبارك وتعالى انما يصنع بكم كما يصنع بالبنين. فاذا كان تأديب الله إيّانا وامتحانه لنا صلاح ورشد [458] فنشكره على ذلك ولا ننكره، بل نؤثره ونختاره كما آثره الفيلسوف الذى كان يدعوه ويقول اللهم ارسل علىّ الشدائد * والبلايا. * Fol. 117r

ومن الدليل على ان فى امتحان الله إيّانا وأدبه لنا المنفعة والغبطة والخيرة انّا نرى من لحقته فى الدنيا التجارب والبلوى اقتطعته عن الفكر فى أذية الناس ومنعته من اطلاق نفسه فى شهواتها وقمعته عن الخطيئة حتى أن بعض الناس يعقد على نفسه لربّه الاقلاع عن أموركثيرة وبعضهم يدع الدنياوية [459] ويرفضها ويزهد فيها ثم يتنسك وينفرد ويخلص النية لربّه ويلزم العبادة سائر دهره.

فاذ قد صحّ أن فى تأديب الله إيّانا صلاحاً وسداداً فينبغى أن نتلقى ذلك بالصبر والاحتمال والفرح والسرور حتى يتمّ لنا الثواب ويكمل الجزاء ونتال السعادة والرتبة المحمودة. وعلى أنكم ان لم تفعلوا ذلك وتسخطتم وقنطتم وفجرتم لم يمكنكم دفع ما قد نزل * بكم ولا صرف ما * Fol. 117v

[454] Cf. *Ro.* 12.*19*.
[455] A تستهين.
[456] A ونبك.
[457] Cf. *He.* 12.5-6.
[458] A ورشده.
[459] A الدنيانية.

قد دهمكم، وازداد حسرتكم وضجيجكم وكثر أنينكم، فلا يسمع ذلك منكم ولا يقبله اذا علم أن الصلاح فعله كما انّا نرى الطبيب [460] يأتى لمعالجة العليل فيحلفه ويناشده أن يمسك عنه ولا يقطع العضو الفاسد منه. ولا يقبل ذلك ويأمر بالاستيثاق منه وضبطه حتى يقطع تلك الزوائد الفاسدة ويجبر تلك العظام المنكسرة ويخرج تلك اللحمات الميتة.

وفيما عزّى به الاسكندر لأمه لما حضرته الوفاة عزاء وسلوة لكل ذى عقل صاف ونفس فاصلة، فانه يقال انه لما علم أن الموت نازل به ووارد عليه وعلم ضعف عقل النساء وجورهن وشدة حزنهن وميلان طبائعهن كتب اليها كتاباً يقول فيه يا أمى اذا * اتصل لك موت الاسكندر ابنك فاولى وليمة واعدّى مائدة واسعة وامرى أن يجتمع اليها كل فرح بهج ليأكل من طعامك ويشرب من شرابك، واياك أن تطلقى لا أحداً ممن كان حزيناً كئيباً أو من أصابته مصيبة أو نزلت به أذية فاحضريه على مائدتك. ففعلت ذلك وأنذرت الناس لما أن حضروا ونادت عليهم بأن كل من لا أصيب ولم دخل به حزن وغمّ فليسرّوا ويبتهجوا ويتمتعوا فلم أحداً منهم مريده، وقام كل [461] منهم متوجه فاستطابت غضباً وقالت ما بال الناس تهاونوا بأمرى، فقيل لها أيتها الملكة ناديت [462] الّا يأكل من مائدتك محزون ولا مغموم، وليس من الناس الّا وقد أصيب. فتعجّبت من

* Fol. 118r

[460] A الطيب.

[461] A كلا.

[462] A نادينى; the passage preceding this word is corrupt, and some words appear to have been omitted.

ذلك وقالت يا اسكندر ما أشبه أوائل أمورك وأواخرها، لقد سلّيتنى فى مماتك.

والمجد لله دائماً ابداً.

INDEX OF BIBLICAL REFERENCES

References are to the pages of the Text.

TABLE OF CONTENTS